保険事業の役割

◎規制の変遷からの考察

諏澤吉彦〔著〕
SUZAWA Yoshihiko

Functions of Insurance Business

中央経済社

まえがき

　1990年代半ば以降段階的に進められてきた保険規制緩和から，すでに四半世紀が経過しようとしています。その間，保険企業の経営効率化は進み，同時に様々な保険商品が開発されることによって消費者の選択の幅が広がったことに，疑いをはさむ余地はありません。しかしながら，規制緩和は，消費者に対しては保険商品情報収集のための費用を，保険会社に対しては自社の経営状況の開示と保険商品の優位性を発信するための費用を課すこととなっているのではないかという声は，保険の利用者側からも，その提供者側からもしばしば聞かれるところです。本書では，情報の不完全性をはじめとする保険市場の特徴と規制による公的介入の必要性を明らかにしたうえで，戦後わが国の保険規制の目的と形態がどのように変化してきたのか，また，約四半世紀にわたって進められた保険市場の規制緩和が，保険契約当事者である消費者と保険会社などに対してどのような影響を及ぼしているのかを，保険経済学の視点から分析します。そして，その分析から得られた結果から，今後の保険市場における規制による公的介入と，保険会社間の競争と協調のあり方を明らかにすることが，本書の第一の目的と言えます。

　また，2000年代以降，企業活動・投資活動のグローバル化が進展すると同時に，わが国の少子高齢化と人口減少に伴う国内保険市場の飽和は，保険事業に国際化の必要を迫っています。また同時に，金融コングロマリットに代表される保険・金融グループの誕生からも分かるように，保険，銀行および証券といった伝統的な金融業態間の垣根を超えた融合も進んでいます。このような，保険事業の国際化と金融市場の融合は，保険・金融市場の特性を大きく変化させていると考えられ，各国・各分野別に設計されてきた保険・金融規制も市場実態に対応した調整が求められています。本書の第二の目的は，金融市場全体を視野に入れ，保険事業の国際化と金融市場の融合の実態を詳らかにし，その

ことが保険，銀行および証券の各市場の特性にどのような影響を及ぼしているのかを分析したうえで，今後の保険・金融規制の国際的共通化と個別化のあり方を探ることです。

さらに，保険は，個人・組織が自らのリスクマネジメントのために利用するものであると同時に，社会の安定性と一体性を維持する生活保障システムの一翼を担うものでもあります。少子高齢化が世界的にも進むなかで，生活保障システムのなかでもとくに医療保障と老齢保障の分野において，公的医療保険・公的年金制度を補完するものとして民間の医療保険と年金保険の役割は今後一層高まることが考えられます。本書の第三の目的は，持続的な生活保障システムの構築のため，保険事業が公的セクターとともにどのように機能分担すべきかを，医療保障と老齢保障を中心に明らかにすることです。

本書は大きく3部により構成されます。第I部では，保険市場の特徴とその不完全性を分析したうえで，規制による公的介入の合理性とその形態を確認するとともに，保険市場の取引当事者がどのような活動をとおして市場の不完全性を補完しようとしているのかを見ていきます。さらに，戦後わが国の保険規制の目的と形態が，実際にはどのように変化してきたのかを見て行き，今後の保険市場における公的規制と競争のあり方を検討します。つづく第II部では，近年の企業活動と投資活動の国際化に伴い，保険市場と保険事業がどのように変化しているのか，また，銀行，証券といった他の金融分野とどのように融合しつつあるのかを分析します。そのうえで，保険・金融市場の特性の変化と，そこに求められる規制と競争のあり方を検討します。最後に第III部では，世界的な都市化と少子高齢化のなか，生活保障システムにおける民間の保険事業の役割への期待が増していることに鑑み，生活保障システムのなかで民間の保険事業が公的セクターとどのように機能分担すべきかを，医療保障と老齢保障の分野を中心に分析します。

本書は，国内保険市場，そして国際保険市場の，第二次世界大戦後から最近までの動きを分析し，再整理を試みたものですが，常に保険経済学の理論に立ち返りながらとらえ，検討することを心がけました。いうまでもなく保険市場

は，現在もなお日々激しく変化しています。そうしたなか，これまでの知識や経験からは受け止めきれない，新たな事象に直面することも少なくありません。読者の皆さんがそうした変化のなかで，状況の変化を理論的な視点から観察，分析し，課題解決のための意思決定を行うに際して，本書を少しでも役立てていただくことを，望んでいます。

　最後に，大学院の恩師である一橋大学名誉教授，東京経済大学経営学部教授の米山高生先生に，大学院修了後も長きにわたってご指導を賜ったことが，本書の出版につながったことは言うまでもありません。そして，中央経済社代表取締役社長 山本継氏には，本書の出版を快く受け入れていただき，また，学術書編集部副編集長 酒井隆氏には本書編集にあたり専門的な視点から丁寧なご助言をいただきました。皆様に，心より感謝いたします。

　なお，本書の出版にあたって，京都産業大学出版助成金（Kyoto Sangyo University Publication Grants）を受けたことを申し述べます。

2021年1月

諏澤　吉彦

目　次

第Ⅰ部

保険市場と保険規制

第1章 保険市場の特徴からみた保険規制の合理性

1 はじめに

　伝統的な経済理論に基づけば，完全市場においては，当事者が自らの効用最大化のために利己的に意思決定し，行動した結果，希少資源の効率的な配分が実現する。この際，希少資源は公平に配分されるものではないが，すべての当事者が完全に経済合理的であるとすれば，特定の当事者が，他の当事者の効用の獲得または喪失に関心を持つことはないため，不公平性による問題も生じない。したがって，完全市場に規制が介入する余地はない。しかし，現実の市場においては何らかの不完全性が存在し，保険市場もその例外ではない。そして，規制による公的介入は，市場の不完全性によってもたらされる取引当事者の費用負担の増加をはじめとする，さまざまな非効率を縮小することを目的として行われるべきものである。このような不完全市場と規制による公的介入との関係に注目しながら，本章では，保険市場においてどのような市場の不完全性が存在し，それによりどのような非効率がもたらされ得るのかを，とくに情報の不完全性に焦点をあてて検討する。また，保険市場の不完全性の補完という視点から，保険規制の合理性について考える。

2 市場に不完全性をもたらす要素と保険市場

　市場が完全であるためには，取引に関する情報が完全であること，特定の当事者が市場支配力を持たないこと，そして外部性がないことが，主な要件として挙げられる。しかしながら，現実の多くの市場においては，以下のとおり完全市場であるためのこれらの要件が，必ずしも十分に満たされていない。

(1)　情報の不完全性

　取引当事者が最も効率的な行動をとるためには，商品・サービスの売り手，つまり販売者にとっては原材料の入手可能性や価格など生産に関する情報や，潜在的な買い手である購入者の所在，その財産やニーズなどの情報が無費用または十分に低い費用で得られることが求められる。一方で商品・サービスの購入者にとっては，販売者の所在，商品・サービスの価格および質などに関する情報が必要となる。これらの情報が完全である市場においては，取引当事者は商品・サービスの販売または購入において，最適な意思決定が可能となり，公的介入の余地はなくなる。しかしながら，現実の市場においては，取引に関する情報が常に完全であるとは限らない。多くの市場においては，商品・サービスの売買取引に際して，購入者は，販売者ほど多くの情報を持たないことが多い。その結果，商品・サービスの購入者は不十分な，または不正確な情報に基づいて取引に関する意思決定を行わなければならない。このように情報劣位にある購入者が，適切な意思決定を行おうとすれば，取引に必要な，精度の高い情報を得なければならず，そのための費用，すなわち探索費用（search cost）を自ら負担しなければならない。このような情報不均衡は，通常は情報優位にある商品・サービスの販売者にとっても少なからぬ費用負担を強いるものである。自らの商品・サービスの質や価格が競争者のそれらより優れていることなどを，潜在的な購入者に対してシグナリング（signaling）を行う必要がある。商品・サービスの内容が複雑であれば，このような情報を潜在的な購入者である個人，企業・組織に対して広く知らしめ，理解を得るには，少なからぬシグナリング費用の負担を要すると考えられる。その結果，多くの現実の市場においては，購入者，販売者とも，十分な情報を持たないまま取引に参加することとなる。

(2)　市場支配力

　市場において商品・サービスの価格と取引量が，個々の市場参加者の合理的な意思決定と行動を通じて，完全市場を前提とした均衡水準に到達するために

は，特定の当事者が，他の別の当事者の行動に影響を及ぼすことがあってはならない。いずれの当事者も市場支配力を持たないためには，商品・サービスの販売者が数多く存在し，かつ互いに比較的小さい市場シェアを分け合っている必要がある。同様に数多くの商品・サービスの潜在的な購入者も取引に参加する用意がなければならない。

そのためには，とくに販売者側に注目すれば，その市場への新規参入，撤退の費用が十分に低いことも求められるだろう。しかし，現実の市場においては，数多くの販売者が市場に参加しているとは限らない。保険市場に限らず，多くの市場において行われる商品・サービス販売者の免許規制は，前述の商品・サービスの質や価格，販売者の経営健全性などに関する情報の不完全性を緩和するために設けられているものであるが，それに含まれる最低資本要件などは新規参入者に対して費用を課すものである。同時に商品・サービス販売者が規模の経済性とリスク分散の効果を享受するためにも，一定の規模を有していたほうが有利であることはいうまでもない。その結果，市場における競争者の数は限定されることも起こり得る。

また，完全競争モデルは，すべての販売者が同質の商品・サービスを同一の価格で供給することを仮定しているが，現実には特定の販売者が，競争者に模倣されにくい商品・サービスを開発・供給することで，過度に利益を織り込んだ略奪的価格設定（predatory pricing）を行ったり，反対に競争者が特定の市場セグメントに参入できないように不当廉売（dumping）を行ったりすることで，取引価格に影響を及ぼすおそれもある。とくに前述の情報の不完全性が著しい場合には，市場支配力の問題が潜在的に深刻化しやすいと考えられる。

さらに，特定の取引当事者が市場支配力を持たないためには，商品・サービスの販売者だけでなく，その購入者の数も十分多く，いずれも規模が大きくないことも求められる。個人・家計のみが潜在的な購入者である場合は，特定の購入者が商品・サービスの価格を左右する事態にはなりにくいものの，現実の市場においては，規模の大きい企業・組織も購入者として取引に参加する場合が多い。このような特定の大口取引が，商品・サービス販売者のキャッシュフ

ローを左右することになれば，それらの購入者の行動が，商品・サービスの取引量や価格付けなどに関する販売者の意思決定に影響を及ぼすことにもつながりかねない。その結果，市場支配力を持たない潜在的な購入者にとって，商品・サービスの入手可能性・購入可能性は低下することにもなりかねない。

(3) 外部性

完全市場においては，商品・サービスの取引に関する全ての便益と費用が，販売者および購入者に内部化している。したがって，取引に関する当事者の意思決定は，外部性に影響されることはない。しかしながら，実際には，ある当事者の意思決定または行動が，他者にスピルオーバー効果（spill-over effect）を及ぼすことがある。この効果が他者の便益につながれば正の外部性に，また，他者に費用を課すものであれば負の外部性となる[1]。たとえば，ある市場セグメントへの新たな販売者の参入により，商品・サービス価格が低下した場合，値下げを余儀なくされた既存の販売者に対しては負の外部性が，より低価格を享受する購入者にとっては正の外部性があると言える。また，ある企業による技術革新や新商品・サービス開発が，取引関係にない他の競争者によって一部活用可能であった場合，正の外部性があると認められる。このような場合には，個人や企業は，技術・商品開発努力を自らの利益の範囲に限定して行ったり，フリーライドを恐れるあまり努力水準を引き下げたりするかもしれない。仮に知的財産権の保護などの公的介入がないとすれば，新規開発努力が市場にとって望ましい水準に達しないこととなる。一方，ある商品の生産・販売が騒音などの費用を，取引関係にない当事者に課すような場合は，負の外部性があると言える。このような効用を低下させる商品を，それに見合った対価を払うことなく生産・販売することができれば，それは過剰に供給されることとなる。

以上のような市場の完全性を損なう要素をまとめれば，**図表1－1**のとおりとなる。

（図表1-1）　市場の不完全性を拡大する要素とその影響

市場の不完全性を拡大する要素	購入者への影響	販売者への影響
情報の不完全性	探索費用の負担など	シグナリング費用の負担など
市場支配力	他の購入者による価格と取引量操作による入手可能性・購入可能性の低下など	競争者による略奪的価格設定・不当廉売による不利益など
外部性	商品・サービスの過少または過剰供給など	技術革新・商品開発に関する競争者によるフリーライドなど

(4)　保険市場の特徴

　以上のような分析を踏まえたうえで，保険市場に目を向けると，どのような特徴が見えてくるだろうか。情報の完全性に注目すれば，保険契約者と保険者（以下，私的保険市場を前提とした場合は保険会社という）を含む保険契約の当事者が，適切な意思決定を行うためには，さまざまな情報が必要となる。たとえば保険商品の購入者である潜在的な保険契約者は，保険商品の価格である保険料，そして保険会社の財務健全性を反映する支払能力などに関して，十分な情報を低費用で入手する必要がある。一方，保険商品の販売者である保険会社にとっては，保険の対象となる個人や財物などの被保険エクスポージャのリスク実態に関する情報が得られなければならない。しかし，これらに関して完全な情報を低費用で得ることは，実質的に不可能であるうえに，当事者間で得られる情報に不均衡も存在する。

　市場支配力を持つ当事者が生じるおそれについて見れば，いうまでもなくわが国を含む多くの市場において，十分に数多くの小規模な保険会社が存在し，同質な保障・補償を伴う保険商品を，同一の保険料で販売しているわけではない[2]。これは，免許規制に含まれる最低資本要件などにより，新規参入が容易でないことにもよるが，その背景には，規模の経済性による保険会社の経営効率性の維持と，保険のプーリング効果を目指す政策上の意図があると考えられる。すなわち，引き受ける保険契約数を増やせば，それだけ契約1件あたりに

係る引受け，維持，保険金支払いなどの費用を削減することができるとともに，保有する保険契約ポートフォリオの規模を大きくすればするほど，保険のプーリング効果を引き上げ，有効にリスク分散を行うことが可能となる。このことから，市場における保険会社の数は自ずと制限され，寡占に近い状態に陥りやすい。したがって，市場支配力も問題も潜在的に深刻化しやすいと見ることができる。

　外部性に関して，保険を含む金融市場においては，金融機関が財務上の困難に陥ることにより，その影響が経済全体に及ぶという負の外部性，すなわちシステミックリスクが重大である。システミックリスクは，第 II 部で述べるように，金融市場のなかでもとくに銀行分野において重大であるものの，第 III 部において見ていくように，保険が生活保障システムの重要な構成要素であることに鑑みれば，特定の保険会社の支払不能が市場全体に及ぼす影響が十分に小さいとは決して言えない。

　このように保険市場は，取引に関する情報，市場支配力，そして外部性のいずれに注目しても完全市場ではないが，なかでも情報の不完全性およびその当事者間の不均衡が深刻となりやすく，保険市場への規制による公的介入は，このような情報不完全性・不均衡を補完することに主眼をおいて設計され実施されてきた。このことに関して次節では，保険会社の支払能力に関する情報，保険商品の保険料に関する情報，そして被保険エクスポージャのリスク実態に関する情報に分けて検討していく。

3　保険市場における情報の不完全性

　前節で見てきたように，現実の多くの市場と同様に保険市場においても，市場の完全性を損なう要因である取引に関する情報の不完全性，市場支配力，そして外部性の問題が潜在していた。これらの要素のなかで，保険市場に関しては，とくに情報の不完全性が保険契約取引の効率性を大きく損なうことにつながり得る。そこで以下では，保険市場においてどのような不完全情報が存在し，それによりどのような非効率がもたらされ得るのかについて，検討を試みる。

(1)　保険会社の支払能力に関する情報の不完全性

①　不完全情報と当事者の費用負担

　保険会社の支払不能は，保険商品の不適切な価格付け，資本と比較して過度な契約引受けの伸び，過度な投資リスク，異常危険リスクおよび資産価値の下落など，多くの要因により起こり得る。保険商品の購入者である保険契約者の立場から見れば，保険会社の支払不能の要因となる保険会社の経営実態や財務健全性，さらには，市場動向に関して十分な情報を得たうえで，保険会社および保険商品の選択を行おうとすれば，少なからぬ探索費用を負担しなければならない。また，保険契約締結後も，保険契約者が保険会社の財務状況を継続的に精査するには，少なからぬモニタリング費用（monitoring cost）を負担しなければならない。しかも，仮に公的介入が不在だとすれば，自らの経営実態や財務健全性に関して，保険契約者が著しく情報劣位にあることを認識する保険会社のなかには，十分な支払能力を維持するインセンティブを弱め，敢えてリスクテイキングな保険契約引受や保険資金投資などを行うものが出るおそれがないとは言い切れない。

　一方，自らの支払能力に関して保険契約者よりも情報優位にある保険会社も，情報不均衡に起因して費用負担を強いられることになる。自らが十分な支払能力を持つことを認識する保険会社は，既存の，あるいは潜在的な保険契約者に対して，自社の財務状況に関する情報を容易に理解し得るよう整備したうえで，提供しなければならず，このためのシグナリング費用を負担しなければならない[3]。そして保険会社自身も，自らの支払能力に関して完全情報を持つわけではない。保険が他の商品・サービスと異なる特徴の一つとして，生産費用が保険期間経過後に確定するという価格循環の転倒性が挙げられる。つまり，保険会社は不確実性を伴う期待損失の将来予測に基づいて，保険商品の保険料を算出しなければならない。このことに加え，支払不能が前述のように不適切な経営のみならず，予期せぬ資産価値の下落といったマクロ経済要因によっても起こり得ることから，保険会社は，自らの支払能力に関して不完全な情報しか持ちえないと言える。さらに，次に述べるように，保険料率算出に際して，大規

模自然災害や大規模感染症などのカタストロフィ・リスクに伴うパラメータ不確実性や損失発生の相関の高さ直面していることを考えれば，支払能力に関する情報の不完全性はさらに拡大することとなる。

②　情報不完全性を拡大する要素

　保険会社が，保険可能性の低いリスクを引き受けている場合には，支払能力に関する情報不完全性は一層深刻となる。たとえば，地震や風水災などの自然災害や，大規模感染症などは，発生頻度は必ずしも高くないものの，これらの大規模な事象が発生すれば，数多くのエクスポージャに同時に甚大な損失をもたらすことがある。このため，保険会社がこれらを引き受けていれば，保険会社の保険契約ポートフォリオに通常の予想を超える高額の損失が一度に発生する確率が高まる。

　たとえば大規模地震について考えれば，数十年から数百年に一度の周期で発生するものであれば，その頻度は必ずしも高くないため，期待損失は高額とはならないだろう。しかし，いったんそれが発生すれば広範囲な地域に影響を及ぼし，その地域において数多くの保険契約を引き受けている保険会社は，同時に多数の保険金請求を受けることになる。このため，期待損失にのみ基づく保険料算出では，それに十分備えられない。同様に保険会社が台風の影響を受けやすい地域に，財物を保険の目的とした保険契約を多く保有しているような場合に，台風が襲来して多くの財物に損失を与えれば，保険会社に対して短期間に集中して保険金請求がなされることになる。このように個々の保険契約の独立性が低く，保険金支払いの相関が高いリスクを引き受けている場合，保険会社は支払能力を維持するためには，追加的に多額の資本を保有するか，事後的に調達しなければならない。そして，そのための資金調達費用を含む付加保険料が，期待損失を反映した純保険料に比べ相対的に高額となる。その結果，保険料が加入困難なほどに高額となったり，保険の提供が制限されたりするかもしれない。

　大規模自然災害や感染症などのリスクは，保険金支払いの相関が高いばかりではない。これらの事象が起きる頻度が低いことは前述のとおりであるが，こ

のことにより，保険会社は過去の損失発生に関する十分な量の情報を得ることが困難となる。たとえば，長期的周期で発生する大規模地震の発生頻度は，保険が通常対象とする小規模の火災や自動車事故などのそれと比べて非常に低い。また，ある地域がこれまで大規模地震を経験していないからといって，将来も同じ傾向が続くと判断することもできない。このため，保険会社が，保険契約引受けに先立って期待損失やその変動性を予想することは困難である。このような損失の確率分布の不確かさ，つまりパラメータ不確実性が高いリスクを引き受けた保険会社は，予想を超えて高額な保険金支払いに直面するおそれがあり，支払不能とならないために，資金調達費用を反映した高額の付加保険料を収受しなければ保険を提供できなくなる。

(2)　保険料に関する情報の不完全性

　保険における価格循環の転倒性は，保険契約者および保険会社の双方に対して，保険の価格である保険料に関する情報の不完全性をもたらすものである。とくに保険契約者にとっては，保険料に関して，それがどのような統計情報に基づき，どのような数理手法を用いて算出されたものなのかについて十分理解し，自らのリスク特性を熟知したうえで，保険会社の提示するさまざまな選択肢を比較することが困難であろう。仮にこのようなことが行えたとしても，最適な選択を行うためには，多大な時間と労力といった探索費用を負担することになる[4]。このように，保険料に関する情報を入手するための探索費用の負担が過大となれば，保険取引の効率性は著しく損なわれることとなる。

　一方，保険会社は自らの保険商品について保険料を算出する立場にあるため，保険契約者に対して情報優位にあることは確かである。しかしながら，保険料に関する情報不均衡は，保険会社にもシグナリング費用を課すことになる[5]。すなわち，保険会社は自らの販売する保険商品の優位性に関する情報を，潜在的な保険契約者に発信する必要がある。また，すでに述べたとおり大規模自然災害などのカタストロフィ・リスクは，パラメータ不確実性を伴い，かつ損失発生の相関が高いため，これらのリスクに対して保険商品を提供する場合には，

（図表1－2）　支払能力と保障・補償に関する情報不完全性と当事者の費用負担

保険会社が十分な量のデータを用いて，科学的に根拠のある手法で保険料算出を行ったとしても，支払保険金のすべてを確実に償い得るわけではない[6]。このように，保険料に関して，保険契約者より情報優位にある保険会社自身も，保険料算出に際しては情報の不完全性に直面している。

　以上のように，保険会社の支払能力，そして保険料に関する情報の不完全性と不均衡は，保険における価格循環の転倒性に起因して生じるが，これにより，**図表1－2**に示したように，保険契約者はモニタリング費用と探索費用を，保険会社はシグナリング費用を，それぞれ追加的に負担しなければならない。さらに，これらに関する情報不完全性は，保険会社が損失発生の相関，またはパラメータ不確実性の高いリスクエクスポージャを引き受けることにより一層深刻となる。

⑶　エクスポージャのリスク実態に関する情報の不完全性

　保険会社の支払能力，そして保険料に関する情報につては，保険契約者が情報劣位，保険会社が情報優位であったのに対して，被保険エクスポージャのリスク実態に関する情報については，保険会社側が劣位な立場にある。すなわち，保険契約者は自らのリスク水準に関して比較的容易に知り得る一方で，保険会社は，被保険者，被保険物件のリスク実態に関して，無費用または低費用で精度の高い情報を得ることは困難である。たとえば，医療保険を引き受けようとするとき，被保険者の年齢などの要素は容易に知り得たとしても，被保険者の

疾病罹患歴や生活習慣，さらには遺伝的特徴など，その健康状態を左右するような要素を，外見から十分に知ることはできない。このことにより，契約締結前には保険契約者の逆選択の問題が，そして契約締結後においてはモラルハザードの問題が潜在することとなる。

① 逆選択

　保険市場において逆選択は，よりリスクの高い当事者のほうが，よりリスクの低い当事者より，保険に加入する強いインセンティブを持つことにより引き起こされる。仮に保険会社が，被保険エクスポージャのリスク実態を知り得ず，その結果，リスクが異なる複数のエクスポージャに対して同一の保障・補償を伴う保険商品を，低リスク者から高リスク者への内部補助による同一の保険料，つまりプール保険料（pooled premiums）で提供したり，低リスク者から高リスク者へ一定の内部補助を許容する一部分離保険料で提供した場合に，その保険商品は低リスク者にとっては割高に，高リスク者にとっては割安となり，その結果，高リスク者ばかりが保険に加入し，保険会社の保有する保険契約ポートフォリオは，高リスク者により構成されることになる。保険会社は採算をとるために，保険料を引き上げざるを得ず，さらにリスクの高い保険契約者だけを誘引することとなる。このことが繰り返されれば，保険の仕組みが破綻することになる。

② モラルハザード

　被保険エクスポージャのリスク実態に関する情報不均衡は，契約締結後には保険契約者のモラルハザードを引き起こすことになる。個々のエクスポージャの期待損失は，保険契約後の保険契約者または被保険者の行動にも左右されるが，どのような行動をとったかについてはその主体である保険契約者または被保険者は知り得る一方で，保険会社はモニタリングを行わない限りは十分な情報を得ることはできない。たとえば，医療保険について見れば，被保険者の食事や運動などを含めた生活習慣により，期待損失は影響を受ける。しかし保険会社は，保険契約者や被保険者の行動を常にモニタリングできる立場にないため，十分な情報を得ることはできない。保険に加入することにより，被った損

失の全額，または一部が保険金として補填されることを認識する保険契約者または被保険者は，意図的に，あるいは無意識的に損失回避，損失縮小努力の水準を引き下げ，期待損失が増加する方向に行動を変化させるかもしれない。期待損失の上昇を反映して保険料が引き上げられれば，モラルハザードの一層の深刻化につながり，やはり保険の仕組みが破綻しかねない。

③　逆選択とモラルハザードによる当事者の費用負担

逆選択やモラルハザードを防止できなければ，それらを恐れる保険会社は，任意市場において保険の供給を制限したり，取り止めたりするかもしれない。保険は，個人や組織にとって重要なリスクマネジメントの手段であるとともに，生活保障システムの一部を構成するものであるため，その入手可能性が著しく損なわれれば，新たな社会的費用の発生にもつながりかねない[7]。

ただ，次章で分析するように，現実の保険市場において，保険会社は，リスク細分化[8]や厳格なアンダーライティングといったスクリーニング（screening）を行うことにより逆選択の問題を緩和している。一方保険契約者には，医療保険における医的診査結果や自動車保険における無事故証明など，被保険エクスポージャのリスク実態を保険会社に開示するなどのシグナリングが求められることが多い。しかし，逆選択に対するこれらの措置は無費用で行えるものではなく，保険会社にはスクリーニング費用の，また，保険契約者にはシグナリング費用の負担を，それぞれ強いるものである。

モラルハザードに対して，保険会社は次章で述べるように，保険金請求の有無に基づき次期保険料を調整する経験料率の採用や，保険契約者に直接リスクコントロール・サービスを提供することなどによって対処している[9]。前者は保険契約者の損失回避・縮小努力を間接的に，後者はそれを直接的に促し，期待損失を引き下げるモニタリング活動であるが，そのために必要な費用をいずれにせよ保険会社は負担しなければならない。以上のような保険契約前，保険契約後の被保険エクスポージャのリスク実態に関する情報の不均衡が，保険契約当事者の費用負担に及ぼす影響を示せば，**図表1−3**のようになる。

（図表1－3）　リスク実態に関する情報不完全性と当事者の費用負担

4　価値最大化のための保険規制

　本章において見てきたとおり，保険市場に，情報の不完全性あるいは取引当事者間の情報不均衡が存在した。**図表1－4** に示したとおり，保険会社の支払能力と保険商品の保険料に関しては，保険契約者が情報劣位に，反対に，被保険エクスポージャのリスク実態に関しては，保険会社が情報劣位にあった。このため，保険取引当事者は，情報探索，取引相手方のモニタリング，自らの情報のシグナリングなどの私的活動によって，情報の不均衡を縮小しようとして

（図表1－4）　保険市場における情報の不完全性

情報の種類	保険契約者		保険会社	
	情報に対する立場	負担する費用	情報に対する立場	負担する費用
保険会社の支払能力に関する情報	情報劣位	探索費用 モニタリング費用	情報優位	シグナリング費用
保険料に関する情報	情報劣位	探索費用	情報優位	シグナリング費用
被保険エクスポージャのリスク実態に関する情報	情報優位	シグナリング費用	情報劣位	スクリーニング費用

いた。しかしそのために保険契約当事者は，少なくない探索費用，モニタリング費用，そしてシグナリング費用などを負担することとなる。

　保険規制による公的介入は，さまざまな情報の不完全性，不均衡を補完し，取引当事者の費用負担を軽減するように設計され，実施されるべきである。規制による公的介入の合理性については，規制の公共利益説（public interest theory of regulation）に基づいてしばしば説明される。これに従えば，規制の目的は，市場における総費用を最小化し，このことにより，市場に存在する資源と市場参加者の活動の価値を最大化することである。このため，規制による公的介入が許容されるには，市場の不完全性が実際に存在すること，そのことにより重大な非効率がもたらされていること，そして規制の実施により非効率が緩和され得ることが求められる。一方，規制の実施にも，当然のことながら費用がかかり，しばしば予期しない結果をもたらし得ることにも留意しなければならない。規制のための費用が，それによりも得られる便益を上回れば，市場の非効率はかえって拡大することとなる。このため，どのような局面においてどのような方法で規制を行うべきかの判断に際しては，その便益とともに，そのために負担することとなる費用とを十分考慮したうえで，市場の不完全性を低費用で緩和し得るように設計され，実施されなければならない。言い換えれば，規制による公的介入が許容されるためには，規制の実施にかかる費用が，個々の当事者の私的活動にかかる費用の総額を下回ることが求められる。

　次章では，本章で見てきた保険市場の特徴を踏まえながら，保険市場において，情報の不完全性にどのように対処し，市場の効率性を向上させようとしているのかを，規制による公的介入のみならず，保険会社および保険契約者などの私的活動を含めて分析する。

■注

1)　正の外部性，負の外部性は，それぞれ外部経済，外部不経済とも呼ばれる。
2)　生命・傷害疾病保険および公的保険の分野では「保障」が，損害保険の分野では「補償」が用いられることが多く，保険の種類を特定しない場合は，両者を併記した。

3 ）　反対に，貧弱な財務体質であるにも関わらず，そうでないように見せかけた情報を提供する保
　　険会社がいれば，情報劣位にある消費者は，誤った選択へと誘導されることもあり得る。
4 ）　保険契約者が各種の保険料比較サービスを利用することもできるが，これも無費用で運営可能
　　なものではなく，その費用は最終的に取引当事者双方が負担することとなる。また，保険料と同
　　様に保険商品の保障・補償内容に関しても，保険契約者が事前に熟知することは必ずしも容易で
　　はない。たとえ保険約款などにより事前に情報を得られたとしても，実際に発生する保険事故の
　　態様は多様であり，そのすべてに関して提供される保障・補償内容を予め知ることは極めて困難
　　である。
5 ）　保険商品の保障・補償内容に関しても，保険会社は，自ら保険約款（policy terms and condi-
　　tions）を構成する立場にあるため，保険契約者に対して情報優位にある。しかし，複雑かつ無形
　　であり理解が困難な保障・補償内容を，潜在的な保険契約者に説明し理解を得るためのシグナリ
　　ング費用を負担しなければならない。このために要する費用の一部は，最終的に付加保険料に反
　　映され，もう一方の取引当事者である保険契約者の負担も重くするかもしれない。
6 ）　次章で述べるように，保険会社が，精緻なアンダーライティングや再保険取引などをとおして，
　　パラメータ不確実性や損失発生の相関の高いエクスポージャの保険可能性を高める努力を行って
　　いることは言うまでもない。しかしながら，これらの措置を行ってもなお，保険会社は残余の不
　　確実性に常にさらされている。
7 ）　生活保障システムにおける保険事業の役割に関しては第Ⅲ部を参照されたい。
8 ）　逆選択への対処方法としては，保険加入・付保を強制とすることも挙げられる。たとえば，わ
　　が国の自賠責保険において，リスク細分化が限定されているにも関わらず逆選択が顕在化しない
　　のは，付保を強制化しているためである。付保を確実なものとするためには，無保険運転者のス
　　クリーニングなどのための費用がかかるが，自賠責保険の場合は，自動車検査登録制度を利用す
　　ることにより，効率的に強制保険を実効あるものとしている。
9 ）　免責金額やコインシュアランスも，損失発生時に損失の一部を負担することを認識する保険契
　　約者または被保険者の損失回避・縮小努力へのインセンティブを引き上げることから，間接的な
　　モニタリングである。

第2章 保険市場の不完全性への対処

1 はじめに

　保険市場においては，情報の不完全性，市場支配力，そして外部性など，市場の完全性を損なう要素のなかで，とくに情報の不完全性の問題が小さくないことは，第1章で分析したとおりである。すなわち保険会社の支払能力，保険商品の保険料，そして被保険エクスポージャのリスク実態に関する情報について，保険契約当事者である保険契約者および保険会社の双方，またはそのいずれかが十分知り得ないために，探索費用（search cost），モニタリング費用（monitoring cost），スクリーニング費用（screening cost），そしてシグナリング費用（signaling cost）を，負担しなければならなかった。保険規制による市場への公的介入は，これらの諸費用の負担を軽減し，保険契約取引の効率性を向上させるために行われるものであるが，情報不完全性への対処は，公的介入のみによって行う必要があるとは限らない。実際にも，保険市場においては，保険契約にさまざまな工夫を施すことなどにより，情報の不完全性に起因する問題を縮小する努力が行われている。本章では，規制による公的介入または保険契約者や保険会社の私的な活動により，保険市場における情報の不完全性にどのように対処しているのかを，私的な保険市場に加え，公的保険制度も視野に入れて分析を行う。

2 保険会社の支払能力の確保

　保険会社の支払能力に関しては，保険契約者が著しく情報劣位な立場にあり，保険会社の財務健全性や経営実態に関する情報を入手しようとすれば，保険契約締結前に多大な探索費用の，契約締結後にはモニタリング費用の負担を強いられることはすでに述べた。しかも，支払能力が，保険料設定や資産投資など

保険会社の経営行動によるものばかりでなく，マクロ経済情勢や大規模自然災害の発生などの外的な要因からも影響を受けるため，保険会社自身も不完全な情報しか持ち得ない。さらに十分な支払能力を有する保険会社は，自らの優位性について，潜在的な保険契約者，あるいは既存の保険契約者に提供するためのシグナリング費用を負担しなければならない。しかし，現実の保険市場においては，以下に挙げるような規制による公的介入や，再保険取引などの私的活動により，この問題を縮小しようとしている。

(1)　規制による公的介入

　保険会社の支払能力に関する情報の不完全性と不均衡を補完し，保険契約当事者の費用負担を軽減するために，わが国をはじめ多くの市場において，保険規制による市場への介入がさまざまな方法で行われている。その主軸となるものとしては，事前の対策としての財務規制と保険料規制，そして事後の対策としての保険契約者保護制度が挙げられる。

①　財務規制

　財務規制は，保険会社の財務健全性を維持し，支払能力を確保するために継続的に行われる公的介入である。財務健全性を評価するためにわが国で用いられる指標が，予測を超える保険金支払いに備えて，保険会社が自己資本をどの程度確保しているのかを示すソルベンシー・マージン比率である[1]。これは，火災，賠償責任，地震や風水災をはじめとする大規模自然災害などの保険会社が引き受けているリスクと，資産投資や経営管理に関わるリスクなどを併せた換算金額に対する，資本，基金および準備金などの合計額の比率とを基礎として算出されるものである。ソルベンシー・マージン比率に照らして，保険会社の財務状況に問題があると認められれば，規制者は，保険会社に対して業務改善措置や，場合によっては業務停止措置を行う。このように，財務規制は保険会社の支払不能を事前に防ぐことにより，支払能力に関する情報不完全性を補完し，保険契約者の保険会社選択を容易にしている。

②　保険料規制

　保険商品の保険料の算出は，多くの場合に厳格な保険料規制のもとで行われる[2]。保険料規制は，わが国を含む多くの法域においても共通して，保険料が3つの要件を備えていることを求めている。すなわち，保険料は，合理的な方法により計算され，妥当な水準であり，かつ不当に差別的でないものでなければならないというものである。これらのうち合理的であることと，妥当であることの2つの要件は，保険料が科学的な方法で計算され，保険契約者にとって購入が可能であり，かつ保険会社が健全に経営を行い得る水準であることを意味し，これらを満たすことにより保険会社の支払能力を確保するものである。そのために，最も厳格な保険料規制である国・州定料率制度から，事前認可制度，届出後使用制度，そして届出制度などの多様な方式が，それぞれの法域，保険の種類ごとに採用されている[3]。

　わが国では，次章でも触れるように，多くの保険の種類について事前認可の仕組みがとられている。火災保険，自動車保険および傷害保険などに関しては，損害保険料率算出団体が，その会員である保険会社から収集した統計情報に基づいて，純保険料部分を参考純率として算出しており，保険会社は，自らの保険料算出の基礎として使うことができる[4]。このような参考純率制度は，これらの保険が，火災や自動車事故，傷害など，個人の生活保障にかかわるリスクを対象とし，保険会社の支払能力に対して著しく情報劣位にある個人の保険契約者が少なくないことから，その立場を補完することを目的としている。一方，船舶保険，貨物・運送保険および航空保険など，比較的規模の大きい企業を保険契約者とする保険や国際取引に係る保険など専門的知識を有する事業者が保険契約者となる保険は，保険会社の支払能力に関する情報不均衡がそれほど深刻ではないと考えられ，このため事前認可の対象となっておらず，参考純率も算出されない。

　わが国において自動車損害賠償責任保険（以下，自賠責保険と言う）と住宅用建物の地震保険については，損害保険料率算出団体が，純保険料と付加保険料の双方を含み，公正な水準で算出された基準料率を提示している。保険会社は，

届出を行えば，基準料率を変更することなく自らの保険料として使用することができる。次章において分析するように，保険会社が自ら独自の保険料を使用する余地は残されているものの，保険料算出と認可申請の費用を回避するために，すべての保険会社はすすんで基準料率を使用することを選択している。自賠責保険は，すべての個人がさらされている自動車事故のリスクを対象にした強制保険であり，また地震保険は，個人の生活の基盤である住居用建物がさらされる地震のリスクを対象としたものであることから，基準料率制度は，価格競争を事実上制限することにより，保険会社の支払能力を維持し，これらの保険の安定供給を目指したものであると言える。以上のように保険料規制も，保険会社の支払能力を維持することをとおして，それに関する情報の不完全性と，保険契約者と保険会社間の情報の不均衡の問題を縮小している。

　一方で財務規制および保険料規制は，保険会社の支払能力に関する情報の不完全性を全面的に補完し得るほど十分に厳格なものでは必ずしもない。これには，そのための費用の財源としての納税者の負担増という制約があることはもちろんであるが，同時に市場規律を強化することも意図するものである。仮に保険会社の支払能力を確実に確保する極めて厳しい規制が行われた場合，保険契約者は，安心感から保険契約締結に先立って保険会社の財務健全性を精査したり，契約後も注意深くモニタリングするインセンティブを低下させたりするかもしれない。このことを認識する保険会社の経営者は，よりリスクテイキングな資産投資や保険商品販売などを行うことにもなりかねない。これにより保険会社の支払能力が損なわれれば，本来の保険規制の目的を十分に果たすことができないおそれがある。

③　保険契約者保護制度

　財務規制および保険料規制は，保険会社の支払不能を事前に回避することで，保険会社の支払能力の情報不完全性を補完するものであった。これらの事前の措置に加え，保険会社が破綻した事態に事後的に対処するものが，セーフティネットとしての保険契約者保護制度である。わが国においても，この制度のもとで生命保険と損害保険のそれぞれの分野に保険契約者保護機構が設立され，

保険会社が破綻した場合に，保有していた保険契約を他の保険会社に移転するための資金や，保険契約者への補償のための資金の援助を行っている。保険会社は同機構への加入が義務づけられるとともに，事前に拠出金を積み立てることが求められる。仮に累積された積立金を上回る資金が必要となった場合は，同機構からの借入れで対応することにより，保険会社が支払不能となった場合でも保険契約者に支払われる保険金の削減額を最小化しようとしている。このように保険契約者保護制度も，保険会社の支払能力を関する情報不完全性を事後的に補完するものである。

　しかし，保険契約者保護機構の保護の対象は限定されているとともに，保険金が常に全額支払われるわけではない[5]。このように保険契約者保護制度が，必ずしも十分に手厚くないのは，財源確保が必ずしも容易でないことに加え，前述の財務規制と保険料規制と同様に，市場規律を機能させ，保険会社に健全な経営を促す意味もある。仮に保険会社が財務困難となっても保険金が完全に保護されるのであれば，保険契約者は安心感から保険会社に対するモニタリングの水準を低下させ，その結果，保険会社のリスクテイキングな経営を許すことにもなりかねない。反対に保険契約が完全には保護されないことを認識する保険契約者は，より慎重に保険会社を選択し，保険契約締結後も財務状況や経営実態に関心を持つと期待できる。

　以上のような公的保険規制と契約者保護制度の機能をまとめると，**図表 2 －1** のとおりとなる。すなわち，財務規制と保険料規制は，ともに保険会社の支払能力を事前に確実なものとすることにより，また，保険契約者保護制度は保険会社の支払不能に事後的に対処することにより，保険契約当事者間の情報不均衡を緩和し，保険契約者にとっては保険会社の経営実態や財務情報などの情報を収集し分析するための探索費用とモニタリング費用の負担を，保険会社にとっては自らの財務健全性を保険契約者につぶさに開示するためのシグナリング費用の負担を，それぞれ軽減していると言える。

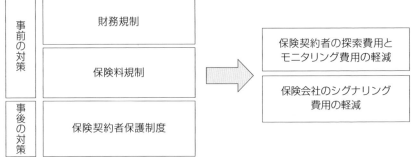

（図表2－1）　公的規制による支払能力の情報不完全性の補完

(2)　保険契約当事者の活動

①　保険格付情報の利用

　保険会社の支払能力に関する情報について，保険契約者の劣位な立場を補完する役割を担うものとして，保険格付機関（insurance rating agency）から提供される情報の利用が挙げられる[6]。保険格付機関は，保険会社の財務状況や経営実態を含む様々な視点から客観的に判断された格付情報を提供している。保険契約者は，格付情報を利用することにより，自ら複数の保険会社の財務状況などを精査するより低費用で，支払能力を評価することができる。

　ただし，格付機関の運営も無費用で行い得るわけではない。しかも，格付機関が，情報提供に対する対価を保険契約者から明示的に受け取るわけではないため，保険契約者のエージェントとしてその利益向上のために行動するとは言い切れない。一方その運営費の一部は，保険会社からの手数料が充てられる場合があることを考えれば，保険格付機関が，保険契約者にとって必要な情報を常に適切に提供するとは限らない[7]。

②　保険事業者団体によるモニタリング

　保険会社の支払能力に関する情報の問題に対しては，保険会社自身の調整により対処することも可能である。たとえばわが国をはじめ多くの市場において保険事業者団体が設立され，財務健全性などの基準を満たした保険会社を会員

とし，適切な情報公開を促すことなどで，支払能力に関する情報の不完全性の補完に貢献している[8]。しかし，このような事業者団体の設立・運営，会員会社の継続的モニタリングと新規会員の診査は，無費用で行えないことは言うまでもない。

さらには，個々の保険会社にとって見れば，競争上重要な企業内情報を，場合によっては事業者団体をとおして競争者に明かすことにもつながるため，適切な情報提供がなされないおそれもある。また，業界団体の支払能力判定基準に照らして会員資格を否定されたり，不十分と判断されたりした保険会社は，業界団体が不当に高い基準を設け，参入と競争を制限していると主張するかもしれず，新たな費用増につながるおそれもある。

③　再保険取引

保険会社が，損失発生の相関が高い，またはパラメータ不確実性が高いリスクを引き受けた場合，保険会社自身にとっても自らの支払能力に関する情報不完全性が拡大することは，前章において分析したとおりである。地震や風水災などの大規模自然災害や大規模感染症などは，いったん発生すれば数多くの保険契約者が同時に損失を被るおそれがあるため，保険会社の収支に与える影響も大きい。保険会社は，支払不能となる事態を回避するために，多額の保険金支払いに必要となる資金を調達するための費用を付加保険料に算入し，その結果，保険料が高額となるおそれがある。

しかし，保険会社は再保険取引を行うことで，この問題を縮小することができる。保険会社は，出再保険契約を結ぶことにより，引き受けた保険契約に潜在する巨大損失発生のリスクを，海外を含むさまざまな地域の複数の保険会社または再保険会社に移転することができる。反対に，自社の保有契約とは損失発生の相関の低い他社の保険契約を受再する再保険契約を結ぶことにより，最終的に保有する保険契約ポートフォリオをさらに分散させることも可能である。このように，保険会社は再保険のリスク分散機能を利用することにより，保険契約間の損失発生の相関とパラメータ不確実性が高いリスクの引受けを可能にしている。このことは，保険契約者にとっても，自然災害リスクなどを対象と

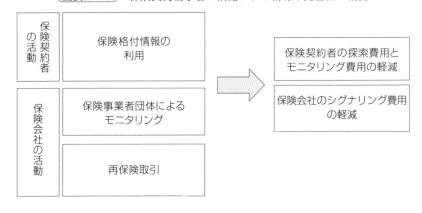

図表2－2　保険契約当事者の活動による情報不完全性の補完

した保険契約の入手可能性が高まるという利点につながる。

　ただし，現実には再保険市場の引受能力は常に十分な水準にあるとは限らない。たとえば，大規模自然災害が頻発し，多額の再保険金が支払われる事態となった場合，それを反映して再保険料も引き上げられたり，再保険取引が制限されたりすることがある。とくに地球温暖化などに起因して極端な気象現象が繰り返し起きている現在においては，保険会社の支払能力が再保険によって確保できない可能性も高まっている。

　以上のような格付情報の利用，保険事業者団体によるモニタリング，そして再保険取引の情報補完機能とその効果は，**図表2－2**のようになる。すなわち，保険契約者は，保険会社の格付情報を利用することにより，自ら保険会社の支払能力に関する情報を収集し分析するための探索費用を節約でき，また，保険会社による再保険取引は，その支払能力を高め，その結果，大規模自然災害などのリスクに対する保険を，保険契約者も入手しやすくなると言える。

3　保険料の水準と体系の適正化

(1)　保険料規制と保険料水準

　保険料に合理的かつ妥当であること，不当に差別的でないことという3つの要件を求めた保険料規制は，保険料に関する情報不完全性を補完することにも貢献する。保険における価値循環の転倒性は，保険料に関して情報劣位にある保険契約者のみならず，情報優位な立場にある保険会社に対しても，情報の不完全性をもたらすことは，すでに分析した。保険料規制が求める要件のうち，保険料の合理性および妥当性は，科学的な保険料計算と健全な保険会社の経営を確実にするとともに，保険料が保険契約者にとって購入が可能な水準となることも求めている。これらの要件が満たされていれば，保険契約者は，自らに適用される保険料が適切な水準であると見なすことができ，保険会社の保険料計算過程や基礎資料にまで遡り，それらを精査する必要はなくなる。また，適用される保険料が，保険の対象となるリスクエクスポージャの実態に見合った水準であると判断することもでき，保険会社の複雑な保険料体系をつぶさに理解する必要もない。

(2)　保険料規制と保険料体系

　保険料の3つ目の要件である不当に差別的でないことは，保険契約のリスク実態に見合った保険料となるような保険料体系を備えていることを求めるものである。わが国において採用されている事前認可制度においては，保険料計算基礎とその方法とともに，どのようなリスク指標を用いてリスク細分化を行っているのかについても審査される[9]。これにより，過度のリスク細分化が行われたり，社会的に許容されない指標が使われたりすることを防いでいる[10]。仮にリスク細分化に制限が設けられていなければ，競争圧力にさらされる保険会社は，過度なリスク細分化による複雑な保険料体系に基づく保険商品を開発するおそれもある。このことは，保険料に関する情報不均衡をさらに深刻化させ，その結果，保険契約者に重い探索費用を課すことになる。また同時に，保険会

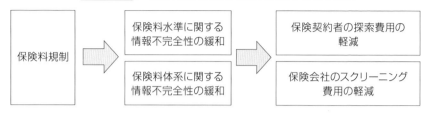

（図表 2 − 3）　保険料規制による保険料に関する情報補完

社に対しても，複雑な保険料体系を設計・運用し，保険契約者をリスク特性別にカテゴライズするためのスクリーニング費用の負担を強いることとなる[11]。その費用の一部は，付加保険料に反映され，その結果，保険契約者の負担も重くなるかもしれない。

　保険料規制により，保険価格に関する情報不完全性がどのように緩和されるのかを示したものが，**図表 2 − 3**である。保険料規制は，保険料の水準とその体系に関する情報の不均衡を縮小することにより，情報劣位にある保険契約者にとっては探索費用を，保険会社にとってはスクリーニング費用を軽減していることがわかる。しかし，保険料体系に関しては技術の進歩によりリスク細分化の費用が軽減されることや，リスク指標に対する社会的許容度が変化することもあり得る。たとえば，インシュアテック（Insurtech）として知られる情報通信技術と大量のデータの利用可能性に基づいた革新的な保険商品やサービスの試みの一つとして，テレマティクスを利用した運転挙動反映型自動車保険や，独自の健康指標を用いた健康増進型医療保険が，わが国でも提供されるようになっている。これらの保険は，自動車運転者の運転挙動や，被保険者の歩行量などをリアルタイムで収集し，リスク評価を行い，その結果に基づいて次期保険料に割引を適用したり，還付金を支払うものである。このような仕組みは，後述するように自動車運転者や被保険者のモラルハザードを緩和することに貢献すると考えられるが，今後テレマティクスによる情報通信技術と，AIなどによる大量の情報分析が可能となれば，より多くの情報に基づくリスク細分化が許容されるようになるかもしれない。このような変化に伴い，保険料規

制による使用可能なリスク指標は，長期的に見れば徐々に変化していくと考えられる。

4　逆選択とモラルハザードの緩和

(1)　逆選択の緩和

①　アンダーライティング

　被保険エクスポージャのリスク実態に関する情報不均衡によって，保険契約前に引き起こされる逆選択の問題は，アンダーライティングとリスク細分化など，主に保険会社の活動をとおして緩和する努力がなされている。アンダーライティングは，とくに契約規模が比較的大きい企業・組織を対象とした保険契約を，保険会社が引き受ける際に重要なプロセスである[12]。すなわち，保険会社がエクスポージャのリスク実態を綿密に評価し，契約引受けの可否を判断し，引受けを可能とした場合はそのリスク実態に見合った保険料や保障・補償の内容などの契約条件を決定する一連の活動である[13]。このようなアンダーライティング活動は，保険契約締結に先立ってエクスポージャのリスク実態に関する情報の不均衡を緩和し，逆選択の防止に貢献している[14]。

②　リスク細分化

　保険会社が保険契約を引き受ける際には，被保険エクスポージャのリスク実態に基づいてカテゴライズされた保険料を適用するリスク細分化も行われる。前節で述べたとおり，保険料規制においては，使用可能なリスク指標と保険料較差に制限を設けながらも，一定のリスク細分化を許容している。このことは，リスク実態に見合った保険料を適用すべきとする保険料の要件の一つ，すなわち不当に差別的でないことに則ったものであるが，同時に，逆選択の問題を緩和することにも貢献している。適切なリスク細分化により，低リスク者に対して，それに見合った低廉な保険料が適用されれば，保険加入を躊躇することはなく，逆選択は深刻とならない。一方で，保険料規制によるリスク指標の制限は，過度なリスク細分化による保険の入手可能性と購入可能性の低下と，保険会社のスクリーニング費用の増加を防止することには効果的であるものの，低

リスク者から高リスク者への大規模な保険料内部補助を強いるほどの制限は，逆選択の緩和の観点からは，必ずしも適切ではない。

③　保険加入・付保の強制

　わが国においては自動車事故による被害者の救済という社会的目的を持つ自賠責保険は，保険の入手可能性・購入可能性を確保するために，前述の基準料率制度のもとで用途車種などのリスク指標のみが許容され，リスク細分化は大きく制限されている。このため，自らが低リスクであると認識する潜在的な保険契約者は，自賠責保険への加入を躊躇することもあり得る。このような逆選択を防止するために行われているのが，付保の強制化である。強制付保を確実なものとするためには，無保険者のスクリーニングなどの費用がかかるが，自賠責保険の場合は，自動車検査登録制度とリンクすることにより，これを効率的に行っている。また同時に，保険料をできる限り低廉化することにより，自賠責保険からの離脱を防いでいる。自賠責保険の保険金支払いの対象が人身損失に限定されるとともに，保険金支払限度額が設けられていることは，補償の制限によって保険料の抑制に貢献しているとも言える[15]。

(2)　モラルハザードの緩和

①　経験料率

　保険契約者・被保険者のモラルハザードの問題は，主に保険料体系や保障・補償内容の設計により緩和している。経験料率は，保険金請求の有無およびその金額などにより，次期の保険料に割引または割増を適用する仕組みである。保険期間内に保険金請求がなされなければ，続く保険期間の保険料に割引が，反対に保険金請求があれば割増が適用されることを認識する保険契約者は，将来の保険料を節約するために，すすんで損失回避・縮小努力を行うと期待できる[16]。

②　免責金額とコインシュアランス

　保険契約者のモラルハザードは，保険契約にリスク保有の要素を組み入れることでも緩和することができる。免責金額（控除免責金額とも言う）は，この

ようなリスク保有を定額で設ける方式であり，これにより保険金は，発生した損失から免責金額が控除されて決定される[17]。一方，コインシュアランスは，損失に対して定率で保険契約者の自己負担額が決定される方式である。免責金額やコインシュアランスが保険契約に組み入れられていれば，事故が発生し損失が発生した際に，保険契約者はその一部を自己負担しなければならない。このことを認識する保険契約者は，すすんで損失回避・縮小努力をすると考えられる。このように免責金額やコインシュアランスによる自己負担額の設定は，保険契約者のモラルハザードを一部緩和するものである。

③　リスクコントロール・サービス

　経験料率の採用や自己負担額の設定は，被保険エクスポージャの期待損失を低下させるものであるが，保険契約者または被保険者を直接モニタリングするものではなかった。保険会社は，保険契約引受時のアンダーライティングの過程において得られた被保険エクスポージャのリスク実態に関する情報をもとに，保険契約者にリスクコントロール・サービスを提供しているが，このような活動は，より積極的に保険契約者に働きかけ，期待損失を低下させようとする直接的なモニタリングであると言える[18]。具体的にリスクコントロール・サービスには，工場における従業員の勤務体制や，火気の使用状況，機器整備などの改善策を提案することなどが含まれるが，これらの活動により安全努力を強化してモラルハザードを緩和することができる[19]。

④　テレマティクスによるリスク評価

　前節で触れたテレマティクスを利用した運転挙動反映型自動車保険や健康増進型医療保険は，高度な情報通信技術を利用して自動車運転者や被保険者の行動を継続的にモニタリングすることより，自動車運転者による安全運転と走行距離削減の努力や，医療保険の被保険者による歩行量を増やす努力を促すと期待される。このようなテレマティクス保険は，従来の経験料率の仕組みに，より直接的なモニタリングの機能を組み合わせたものであると言え，モラルハザードを効果的に緩和すると考えられる[20]。ただし，テレマティクスを用いた継続的なモニタリングの費用が十分に低く抑えられるかどうか，そして収集

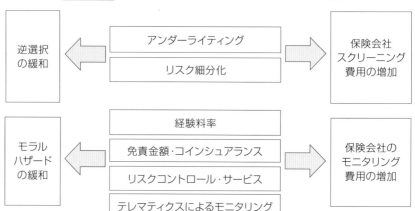

（図表2－4）　逆選択とモラルハザードの緩和のための仕組み

する運転挙動や歩行量などの情報が，期待損失と正の相関を有するかどうかについては，留意する必要がある[21]。

　以上のような逆選択とモラルハザードを緩和する様々な仕組みは，**図表2－4**のように示すことができる。アンダーライティングとリスク細分化は，エクスポージャのリスクに見合った保険料を含む契約条件を個々の保険契約者に適用することで逆選択の問題を緩和している。また，経験料率は契約後の保険金請求実績により，将来の保険料を決定することで，保険契約者の安全努力を引き上げる機能を持つものである。コインシュアランスと免責金額は損失の一部を保険契約者の負担にすることにより，やはり安全努力を促すものである。さらに，リスクコントロール・サービスの提供とテレマティクスの利用は，保険会社が直接保険契約者をモニタリングし，期待損失の低下を促すものと言える[22]。

5　保険規制と私的活動の機能分担

　本章では，このような保険市場における情報不完全性に，規制による公的介入により，また，保険会社および保険契約者などの私的活動により，どのよう

に対処してきたのかを見てきた。保険会社の支払能力に関する情報不完全性には，厳格な財務規制，保険料規制および保険契約者保護制度のもとで規制当局が直接介入することを軸として，事前・事後的に対処していた。そのうえで，保険契約者による保険格付情報の利用や，保険会社による再保険取引などの私的活動が，規制による公的介入を補強する機能を担っているとみることができる。同様に保険料に関する情報不完全性に関しても，事前認可制度に見られる保険料規制が，保険商品の適切な保険料水準と保険料体系を維持することをとおして，事前に対処している。このことにより，保険契約者が自らの保険料を精査し評価するための費用を軽減していた。一方，被保険エクスポージャのリスク実態に関する情報不均衡に起因する逆選択に関しては，主に保険会社によるアンダーライティングとリスク細分化により対処していた。保険料規制により，一定のリスク細分化が許容されていることは，これらの保険会社の活動を支持する補完的な機能を持つと言える。モラルハザードに関しては，保険会社が，経験料率，免責金額およびコインシュアランスなど，保険料体系や保障・補償内容に間接的なモニタリング機能を組み入れることにより対処するとともに，保険契約者に対するリスクコントロール・サービスの提供や，テレマティクスによるリスク評価など，直接的なモニタリングをとおして，情報不均衡を補完している。規制による公的介入は，たとえば，テレマティクス保険において収集されるリスク情報が，社会に許容される範囲を超えて細分化され過ぎることのないよう，保険会社の活動に歯止めをかける役割を担うものである。

　本章では，保険市場に現状に注目し，保険市場において情報補完のための方法・活動を見てきたが，保険市場における規制の役割と，保険契約当事者の活動のあり方は，その市場の歴史的・文化的背景によってさまざまであるとともに，経済的発展段階や社会的成熟度により，時間とともに変化していくものである。次章では，わが国の保険市場に焦点をあてて，そこにおける保険規制が，どのように変遷してきたのかを分析する。

■注────────

1） ソルベンシー・マージン比率について，わが国の金融庁は現在，保険負債の評価方法を契約時から固定する現行方式から，IAIS が策定を進めている国際保険資本基準における経済価値ベースのソルベンシー比率（Economic Solvency Ratio）への移行を目指している。なお，IAIS については，第7章を参照されたい。

2） 保険料規制は，保険金額1,000円当たりの保険料を指す保険料率に対する規制として，保険料率規制とも呼ばれる。

3） 国・州定料率制度は，保険料を公的に定め，保険会社間で共通化するという最も厳格な保険料規制であり，米国の一部の州の自動車損害賠償責任保険などで採用されている。事前認可制度は，保険商品の販売に先立って保険料算出の基礎資料の届出と，規制者の審査を受けたうえで認可を得ることを求めるものであり，わが国の多くの保険の種類において採用されている。届出後使用制度は，保険商品販売前に保険料算出の基礎資料の提出を求める仕組みである。届出制度は，保険商品販売前後を問わず，基礎資料の提出のみを求めるもので，使用後届出制度とも呼ばれる。また，保険料算出に対して事前の公的介入を行わない場合は，届出不要制度と言われる。

4） 現在は，損害保険料率算出団体に関する法律に基づいて設立された損害保険料率算出機構が，参考純率と，後述する基準料率を算出している。

5） 損害保険契約者保護機構の保護の対象は，保険契約者が個人，小規模法人などである場合に限定されている。

6） 保険格付機関は，各種証券の安全性に関する格付けを行う財務格付機関（financial rating agency）の一つであり，保険会社の財務健全性の格付結果を提供している。財務格付機関には，ムーディーズ（Moody's Corporation）やスタンダード・アンド・プアーズ（Standard & Poor's），格付投資情報センター，日本格付研究所などがある。

7） 保険契約者は，保険会社の支払う手数料の一部に，保険契約者の支払う付加保険料の一部が充てられることも認識しておくべきである。

8） わが国の一般社団法人生命保険協会，一般社団法人損害保険協会などがこれにあたる。

9） たとえばわが国の自動車保険においては，自動車の車種，運転者の年齢や運転歴など，使用できるリスク指標が限定されるとともに，これに基づく保険料較差も制限されている。

10） 許容されるリスク指標は，国・州などの地域によってさまざまであり，また時間とともに変化するものである。

11） たとえば，リスク細分化が，前述の自動車の車種など容易に確認可能な指標で行われるのであれば，そのための費用負担も軽いが，将来的に傷害疾病保険や生命保険において詳細な病歴だけでなく遺伝情報なども用いることとなれば，そのための保険会社の費用も高額となるおそれがある。

12） 企業・組織のリスクエクスポージャは，個人のそれより規模も大きく，その内容も事業の種類や活動地域などにより多様であるため，保険会社にとってアンダーライティングはその収支に影響を及ぼす重要な業務である。

13） 前章と同様に，生命保険・傷害疾病保険と，損害保険の種類を特定しない場合は，保障と補償を併記した。

14） アンダーライティングは同時に，保険料算出に際して引受けを予定していたエクスポージャと，実際に引き受けるエクスポージャの期待損失を同程度とすることで，収支を均衡させることは，保険会社の支払能力の確保にもつながる。

15） このような加入・付保の強制と保障の限定は，公的医療保険や雇用保険などの各種公保険にも見られる特徴である。このことは同時に，自賠責保険や各種公保険だけでは，十分な保障・補償を得ることができないことにもつながる。

16)　たとえば，企業・組織が従業員を被保険者として団体傷害保険契約を結んだ場合に経験料率が採用されていれば，企業・組織は工場や倉庫などにおいて従業員が傷害を負わないよう，安全訓練の実施や，綿密な機器整備などのリスクコントロールの努力を惜しまないであろう。同様に，企業・組織が所有し使用する複数の自動車に自動車保険を付した場合も，事故・無事故割増引制度が設けられていれば，従業員が事故を起こすことのないよう安全運転講習を受講させたり，勤務時間を調整したりするなどの努力を行うと考えられる。

17)　免責金額は，多くの保険の種類において発生頻度の高い少額の損失を，保険金支払いの対象としないことにより，保険会社の経費を節減し，付加保険料を低下させる機能も持つ。

18)　リスクコントロール・サービスは，保険が純粋リスクを対象にしていることから，しばしばロスコントロール・サービスとも呼ばれる。

19)　保険会社からリスクコントロール・サービスが提供されなければ，保険契約者である企業・組織は，費用をかけて個別に自ら同様の努力を行わなければならない。保険会社は同様のサービスを数多くの保険契約者に対して提供しているため，規模の経済性により，そのために必要な費用に充てるための追加的な付加保険料は，企業・組織が自らリスクコントロールを行う費用より低いと考えられる。

20)　モラルハザードの緩和に加え，テレマティクスによるモニタリングは，契約締結時には大まかなリスク細分化しか行えなくとも，契約締結後に収集される情報によりリスクの再評価がなされることを，潜在的な保険契約者が認識することにより，逆選択が起こりにくくなると考えられる。

21)　継続的なモニタリングなどの費用は，最終的に保険契約当事者間で負担し合わなければならない。このため，その費用が過大となれば，低リスク者への保険料引下げ幅も縮小されるかもしれない。

22)　保険は，リスクマネジメントの体系のなかで，リスクファイナンスのリスク移転に分類されるが，コインシュアランスと免責金額は，保険に組み入れられたリスク保有の要素と見ることができると同時に，期待損失の低下にもつながるリスクコントロールの要素でもある。また，経験料率，リスクコントロール・サービス，そしてテレマティクスによるリスク評価は，期待損失を低下させるものであるため，リスク移転に組み入れられた，リスクコントロールの要素である。

第3章 わが国の保険規制の生成と変遷

1 はじめに

　保険市場には，保険会社および保険契約者といった保険契約の取引当事者間にさまざまな情報の不完全性が存在することは，前章までに見てきたとおりである。すなわち保険会社の支払能力，保険料と保障・補償内容に関しては保険契約者が保険者に対して情報劣位に，被保険エクスポージャのリスク実態に関しては，保険会社が保険契約者より情報劣位にあった。そして，保険規制は，このような情報の不完全性と不均衡によって引き起こされる問題を縮小するため，保険契約当事者の取引費用の負担が過度に重くならないように設計され，実施されるべきである。

　現在のわが国においては，保険者の支払能力確保のための財務規制，保険商品の価格である保険料の水準や体系を適切なものとする保険料規制，そして保険契約者や保険会社の活動の組み合わせにより，保険市場における情報の不完全性・不均衡を緩和している。しかし，保険規制の枠組みは，それぞれの市場特性すなわち歴史的・文化的な背景によって異なり，また，経済的発展段階や社会的成熟度により変化するものである。このことは，わが国においても1990年代後半のいわゆる保険市場の規制緩和の前と後ではその内容が大きく転換したことからも明らかである。規制緩和以前には，多くの保険種類に関して，保険会社にとって採算の取れる水準で保険料は画一化され，保障・補償内容も統一されていたものが，規制緩和後は，保険料の事前認可制を軸としながら財務規制を強化するものへと変化した[1]。本章では，伝統的な保険規制の目的とその枠組みがどのように変化してきたのか，第二次世界大戦後のわが国における保険規制の変遷を分析する。

2　戦後型保険規制の生成と継続

(1)　第二次世界大戦前における保険規制

　わが国において初めて保険会社が誕生したのは明治初期であったが，当時は体系的な保険規制は存在していなかったばかりか，商法をはじめとする関係法令も整えられていなかった。保険会社設立に関しては，個々の府県により規制がなされており，国内産業全般を監督する主務省庁である当時の農商務省による監督も行われていたものの，きわめて緩やかなものであった。このような状況のもと，他産業と同様に保険事業においても，小規模な保険会社や擬似的な保険会社が数多く設立されるようになったため，農商務省は保険事業の監督規制を強化することとなった。

　そして，1890年代には一連の商法制定が整備され，それに次いで1900年には日本で最初の保険業法が公布されることとなり，保険事業の監督規制が法令により明示的に体系化されることとなった。その後1920年代半ばに農商務省から商工局が分離して商工省が誕生し，保険監督の主務省庁は商工省となったが，当時の保険業法における監督規制体系は，保険料規制やソルベンシー規制など事前の対応を軸とした現在のものとは大きく異なり，検査を中心とした事後の対応に重点が置かれたものであった。さらにこの時期の監督省庁の命令権限は決して強いものではなかったため，すべての保険会社が十分な健全性を維持していたとは言えず，むしろリスクテイキングな経営を行う保険会社が少なからず存在した。加えて，検査の詳細な実施内容・方法なども，監督権限者である商工大臣や，保険検査官の裁量に依存する属人的要素の強いものであり，体系だったルールに基づき統一的に一貫性をもって行われるものではなかった[2]。このように第二次世界大戦までの保険監督規制は，その後の時代と比較すると自由主義的な要素の強いものであった。

(2)　戦後型保険規制の生成と目的

　保険会社の営利志向と自由競争を比較的許容した監督規制から，厳格な規制

のもとでの競争を目指した監督規制への転換の契機となったのは，1940年に全面的に改正され施行された保険業法と，1941年の保険監督権限の大蔵省への移管であろう。同法は，監督省庁の権限を強化するとともに，第二次世界大戦後も引き続き長く日本の監督法であり続けた。

　第二次世界大戦終戦後の再建・復興期を経て，後述するように生命保険分野においては監督省庁の認可行政のもとで，損害保険分野においては独占禁止規定から除外された損害保険料率算出団体のもとで，保険料画一化が達成され，保険会社間の競争は保険料以外の面で展開されることになった。しかしその競争は，保険募集取締りに関する法律などによって規制され，いわば管理された競争であったと言える。さらにこの競争は，公的介入による一方向的なものではなく，保険会社間の協調的行動という自主規制からも大きな影響を受けたものであった。

　このように，第二次世界大戦後の保険市場において競争が管理・制限されていた要因の一つとしては，この時期の保険規制が，保険事業のわが国経済における役割を重視して設計されたことが挙げられる。戦後復興期において，生命保険は需要の極端な不振が持続し，また，損害保険は経済復興による保険需要を満たす供給を行うだけの資本が不足しており，ともに保険会社の経営は安定せず，産業的基盤の確立が必要な状態であった。一方，保険事業は，リスク移転手段としての保険商品を供給することをとおして，個人・家計および企業・組織の諸活動を支え，経済の発展と安定に貢献することは明らかであるが，それと同時に，保険取引をとおして形成された責任準備金などの保険資金を投資・運用に充てることにより，市場に資金を供給するという重要な金融仲介機能を果たしていることも言うまでもないことである。しかしながら，産業基盤が不安定であった戦後復興期においては，保険を安定的に供給することによる社会的利益と，競争を制限し保険事業の成長を支えるだけの保険料負担を保険契約者に課すことによる社会的費用を比較すれば，前者のほうが大きかったと見ることができる。言い換えれば，戦後型保険規制は，保険事業の経済における役割を重視し，厳格な保険料規制をとおして保険会社間の過度な保険料競争

による保険料水準の低下を抑止することで，保険会社の財務健全性を維持することに主眼を置いていた[3]。すなわち，保険会社間のいわゆる破壊的価格競争（destructive price competition）を回避し，財務的に強固な財務健全性を伴う保険会社が公正な価格で保険商品を供給することをとおして，保険の産業的基盤を作り上げ，ひいては公益に資することを目的としていた。このことが，長期的には経済の成長と安定，そして保険契約者の利益にもつながると考えられた。このように，第二次世界大戦後に形成された保険規制は，敗戦という経済的制約の多い歴史的条件のなかで，保険産業の長期的安定性や安定的な保険供給の確保といった諸課題を，官民協力して解決するという目的で行われた監督規制および自主規制であったと見ることができる。

(3) 戦後型保険規制の形態

　戦後から規制緩和まで継続した保険規制の形態は，生命保険分野，損害保険分野，そしてその後成長を見せる第三分野とも呼ばれる傷害疾病保険分野では異なっていた。

　生命保険分野における保険料・商品規制は，後述する損害保険において見られたような一種のカルテル価格によって行われたわけではない。生命保険の価格統一は，規制当局の保険料・商品認可プロセスをとおして実現されたものであった。生命保険会社が，第二次世界大戦直後に経営的苦境に陥っていたことは既に述べたが，そうしたなか生命保険会社間での最低保険料水準の実質的協定と，それを認める制度を整備した旧大蔵省の行政姿勢によって，保険料の画一化が実現していた[4]。すなわち，当時の損害保険分野のような事実上の統一料率市場（tariff market）のシステムを採用するのではなく，保険会社に独自の保険料算出を行う余地を残しながらも，そうすることに厳しい制約と費用を課すことによって，経済合理的な判断によって競争を回避し保険料・商品の画一化に参与するよう誘引してきたと言える[5]。

　一方，損害保険分野においては，いわゆる護送船団方式という言葉に象徴された保険行政のもとで監督規制が行われた。その中心は，生命保険分野とは異

なり，前章でも触れた損害保険料率算出団体の設立により，損害保険商品の保険料と保障内容を統一するという明示的な規制体制の確立であった[6]。この体制のもとで，損害保険料率算出団体が中立的立場から算出した保険料を使用する義務を，同団体の会員保険会社は課されていた。このことにより，価格競争を回避し，保険会社の財務健全性を確保することで市場を安定させ，保険の入手可能性を確実なものにしてきた点で評価されるべき体制であった。同時に，保険会社が市場に長期的資金を安定的に供給することができたことも，疑いの余地はない[7]。このように，競争を著しく制限した旧体制は，戦後から経済成長期にかけて損害保険市場だけでなく，わが国経済の発展に果たしてきた役割は大きかったと言える。

　傷害疾病保険は，傷害保険，医療保険および介護保険など，従来から生命保険と損害保険の中間に位置づけられる保険の集合体としてとらえられてきた。この分野は，第二次世界大戦直後においてその販売規模は決して大きくはなかったが，戦後しばらく経過した1950年代から各種団体傷害保険が，そしてその後の経済成長とそれに伴うモータリゼーションなどを経て1960年代には交通事故傷害保険や海外旅行傷害保険が販売されるようになった。また，がん保険といった特定の疾病を対象とした医療保険は，1970年代から外資系生命保険会社が事実上独占的に取り扱ってきた。その間，生命保険と損害保険の分野調整は継続的に試みられてきたが，保険規制に関して見れば，取扱い主体が生命保険会社，損害保険会社のいずれなのかに応じて，それぞれの方式が適用されてきたといえる。その意味で，保険料と保障内容の一定の画一化はなされてきたことに変わりない。

3　保険規制の変化

　前節までに見てきた競争制限的な特徴を持ったわが国の保険規制は，1990年代後半に大きく変化することとなった。行政改革により，監督官庁は大蔵省から金融監督庁を経て金融庁が担当することになり，また，保険業法の改正などをとおして，保険規制のあり方が，より透明に，そしてよりグローバルに変化

した。このような保険市場の規制緩和を方向付けたのは，1992年の保険審議会答申である。それが目指したものは，競争の促進と経営資源の有効活用をとおした効率性と収益性の向上，そしてその成果の利用者への還元などであり，このような答申の基本的な考え方は，今日でも否定されるものではない[8]。これを受け，損害保険市場の規制緩和は，保険会社間の競争を促進し，その結果消費者利益の増大に貢献することを目指して行われてきた。言い換えれば，保険会社が互いに競争することをとおして効率化を進め，その結果として保険料水準が低下し，また，さまざまな保険商品が開発されることによって消費者の選択の幅が広がることが期待されていた。

(1)　生命保険・傷害疾病保険分野における規制緩和

　規制緩和の様態は，生命保険，損害保険および傷害疾病保険の各分野により異なる。各分野の市場の現状と保険規制については次章において詳しく見ていくが，生命保険および傷害疾病保険に関しては，画一保険料・商品を前提とした戦後型保険料規制は，規制緩和によって転換することになる。1995年の保険業法の改正では，それまで認められていなかった生命・損害保険相互参入が子会社方式によって認められるとともに，傷害疾病保険については保険会社本体による相互参入が認められ，また，保険会社による金融・証券業務の拡大が認められることとなった。前章で述べたとおり，第三分野に含まれる傷害保険は損害保険会社に対して参考純率が提示されることとなったものの，事前認可制度は継続されている[9]。また，生命保険会社に対しては，基礎書類の一部が届出制度へ移行したことにより，保険会社各社は自らの販売する保険商品の保険料と保障内容を独自に決定することが容易となった。しかし，生命保険商品に関しても完全に自由化されたわけではなく，事前認可制度は継続され，一定の制限が設けられていることには変わりない。

(2)　損害保険分野における規制緩和

　損害保険分野における一連の規制緩和の過程で，保険市場に最も大きな変化

をもたらしたのは，1998年の主要損害保険種目への参考純率制度の導入である。これにより，損害保険分野においても，自動車保険および火災保険について，保険会社に使用義務のない参考純率が損害保険料率算出団体により算出されることとなった。つまり，これらの保険種目について損害料率算出団体の会員会社は，参考純率を自らの保険料算出に利用できるとともに，独自の保険料体系も許容されることとなり，実際にも保険会社間の競争が促進された。しかし，損害保険の多くの種類に関して従来と同様に事前認可制度が採用されており，保険料が完全に自由化されたわけではなく，使用可能なリスク指標などに制限が設けられている。このような状況をみれば，規制緩和後であっても，いわゆるフレックス・レート（flexi-rates）を伴った厳格な事前認可制度が採られていると言える[10]。このような規制の形態は，わが国においても一部の分野で採られている届出制度，さらには欧州諸国において試みられている届出不要制度のような事後的な保険料規制ではなく，あくまでも事前の規制が行われているという点においては，規制緩和前と変わりない[11]。

　さらに，自賠責保険および地震保険に関しては基準料率制度のもと，事実上の統一料率制度が維持されることとなった。厳密に言えば，損害保険料率算出団体によって提示された保険料を遵守する義務があった規制緩和前の体制から，保険会社が独自の保険料を算出し使用する余地を残す制度に移行しながらも，そうすることに費用を課すことにより，事実上の統一料率を維持している。具体的には，これらの保険について，損害保険料率算出団体が純保険料部分と付加保険料部分の双方を含む基準料率を規制当局に届け出て，前章で述べた保険料の３つの要件に加え，効率的な経営を維持できる範囲で可能な限り低いものでなければならないというノーロス・ノープロフィットの原則に適合しているかどうかについて審査を受ける。そして審査期間経過後，同団体の会員である保険会社は，この基準料率を使用するという届出を行えば，それを変更することなく自らの保険料として使用することができる。こうして，保険会社にとって，費用をかけてまで自ら独自の保険料を算出し，認可申請を行うことは経済合理的な選択ではなくなり，事実上の統一料率が維持され，かつての保険料遵

守体制と同様の状況が継続することとなった。

(3)　保険商品の多様化への新たな対応

　保険市場の規制緩和は，制限を設けながらも，多様な保険料，保障・補償内容を伴う保険商品の登場をもたらし，同時に情報通信技術の発展などにより，保険商品の販売チャネルも多様化してきた。従来，個人分野の生命保険においては営業職員などが，損害保険においては保険代理店などが主要な販売チャネルを担っていたものが，銀行窓販や来店型保険ショップ，インターネット募集の増加，さらに保険代理店自身も大型化が進み，この点において，潜在的な保険契約者が保険会社および保険商品の選択に当たって，最適な意思決定を行うための探索費用は，規制緩和以前より重くなったと言える。2016年に施行され改正保険業法は，このような事態に対応したものである。

　これにより，保険商品募集の基本的ルールが整備されたが，その一つが潜在的な保険契約者の意向の把握義務が，募集当事者に課されたことである。すなわち，保険契約の販売に際しては，募集当事者が，最初に潜在的な保険契約者の意向に沿った保険商品を提示するという，いわゆる意向の把握義務が定められた[12]。こうして保険契約者は，これまでの受動的立場から，自らの意思を伝え保険商品の選択に積極的に関わることとなった。同時に，募集当事者は，潜在的な保険契約者への情報提供義務も負い，保険契約者が保険商品の内容を理解するために必要な情報と，注意喚起すべき情報などを提供することが求められることとなった[13]。

4　保険規制の力点の転換

　規制緩和前の保険料と保障・補償内容の画一化が，保険商品の販売より先だって保険会社の財務健全性を確保することにあったことは前述のとおりであるが，ここに一定の競争が認められたことにより，保険商品の保険料と保障・補償内容は多様化していった。このような保険規制の緩和は，保険会社間の競争を促進し，事業の効率化を進めることを期待されたのと同時に，事前認可制

度や，参考純率制度，基準料率制度をとおして，使用可能なリスク指標と保険料較差は依然制限がなされている。このことは，一定の内部補助を許容してでも一部の高リスクのエクスポージャに対する保険料が高額となり，保険商品の入手可能性および購入可能性が損なわれることを回避しようとした結果ではないだろうか。このことから，規制緩和によって，保険料規制は，保険会社間の過度な価格競争による保険料の低下を抑止するという戦後から維持されていた目的を大きく転換し，とくに高リスク者に対する保険料水準の抑制をその主眼に据えることとなったと見ることができる。

　一方で，保険料規制が一部緩和されたことにより，保険の経済における機能，すなわちリスク移転機能と金融仲介機能を維持するために別の措置が必要となった。その一つが，保険会社の支払能力を確保するための財務規制の強化である。具体的には，標準責任準備金や価格変動準備金の導入などが挙げられるが，前章で述べたように保険会社に最も大きな影響を及ぼしたのは保険会社の業務改善・停止措置の根拠となるソルベンシー・マージン基準の導入であろう[14]。これにより，保険会社の財務健全性を公的にモニタリングし，支払不能を事前に防ぐことを目指している。

　また，事前の対処に加え，支払不能が発生した場合の事後的な対処方法である保険契約者保護制度も整備され，その機能が強化されることとなった。従来の保険契約者保護基金に替わって，1998年には前章において取り上げた保険契約者保護制度が整備され，生命保険，損害保険のそれぞれの分野に保険契約者保護機構が新たに設立された[15]。保険会社は同機構への加入が義務づけられ，また財源を強化するため事前に拠出金を積み立てることとなった。

　以上のようなわが国における規制緩和前と後での保険規制の各分野が対象とする情報の不完全性と，そのための規制の内容を整理すると，**図表 3 − 1** のとおりとなる。すなわち，規制緩和以前においては，保険市場における保険料に関する情報の不完全性に注目し，保険料と保障・補償内容の画一化をとおして，保険会社が十分な財務健全性を維持し得る水準に保険料を設定し保険会社の支払能力を確保してきたと見ることができる。同時に，保険料競争により引き起

（図表3－1）　保険市場の情報不完全性と保険規制の変化

情報の種類		保険会社の支払能力に関する情報不完全性	保険料に関する情報不完全性	被保険エクスポージャのリスク実態に関する情報不完全性
規制の形態	規制緩和前	保険会社の財務健全性を維持し得る水準での保険料と保障・補償の画一化		
	規制緩和後	財務規制の実施，保険契約者保護制度の整備	一定の範囲内でのリスク細分化と保障・補償内容の多様化の許容	

こされるおそれのある保険契約の引受け制限や拒否を回避し，保険商品の安定供給を確実なものにすることを目指していたと言える。

　一方，規制緩和後も事前認可制度は継続され保険料算出・保険商品開発に一定の制限が設けられていることに変わりないものの，従来のように保険料と保障・補償内容を画一なものとするのではなく，保険会社間の競争を一部認めるものとなった。このことは，保険規制の力点が，保険会社の支払能力と保険料に関する情報の不完全性を補完することから，被保険エクスポージャのリスク実態に関する情報の不完全性を補完することに移行したと見ることができる。つまり，保険料を画一化することによってではなく，一定の範囲でリスク細分化を伴った多様な保険商品を許容することによって，被保険エクスポージャのリスク実態に見合った保険料と保障・補償を提供することを可能にすることをとおして，保険会社の保険契約引受インセンティブを高めていると言える。同時に，リスク細分化に制限が設けられていることは，一部の高リスク者に対する保険料抑制による保険の購入可能性の維持を目指したものであると言える。

　以上の分析からは，**図表3－2**のように，保険規制の力点が，規制緩和前には保険会社の財務健全性の維持に置かれ，そのために厳格な保険料規制により，保険会社間で保険料の水準と保障・補償を画一化していたことがわかる。そして，規制緩和後は，保険会社の支払能力を維持しつつも，保険料規制により一定の制限は設けながらリスク細分化を許容することで，保険会社の保険契約引受を促進することに力点が置かれるようになったと言える。しかし，このよう

（図表3－2）　保険規制の力点の変化

な力点は変化しても，保険規制が一貫して保険の安定供給を目指していたことに変わりはない。このことを踏まえ，次章においては，現在の保険規制の実態と，その合理性について，生命保険と傷害疾病保険，そして損害保険にわけて，より詳細に分析する。

■注

1）　第1章で述べたとおり，生命・傷害疾病保険および公的保険の分野では「保障」が，損害保険の分野では「補償」が用いられることが多いが，本章においても保険の種類を特定しない場合は，両者を併記した。

2）　この時代の保険監督規制に関しては，米山（2009）に詳しい。ここでは，第二次加藤高明内閣商工相，第一次若槻内閣商工相，大蔵相を歴任し，責任準備金積立方式に対する規制をとおして保険会社の財務健全性を維持しようとした片岡直温（1859～1934）を取り上げ，戦前の保険監督の原型を築いた人物であり，この体制はかたちを変えて戦後まで継承されたと分析している。

3）　このことは同時に，保険会社にレント的な利潤の享受を許容していたことについても，しばしば指摘されている。

4）　米山（2002）では，1946年に基礎率を共通化した「標準保険料」が認められ，その後事態の一層の悪化を受けて全社統一して「暫定保険料」が実施され，さらに1949年には生命保険会社に自由保険料の採用を許すと同時に，その場合には「暫定保険料」によって得られる利益を放棄すべきことが旧大蔵省通達によって示された経緯が詳しく分析されている。

5）　統一料率市場は，最も厳格な保険料規制であり，経済成長市場においてしばしば採用されるシステムである。成熟市場においても，前章において触れたように，国・州定料率制度として採用されることがある。また，わが国の自賠責保険と地震保険で採用されている基準料率制度も，保険会社に同一の保険料を使用する義務を課していないものの，実質的にこれに当たる。

6）　損害保険料率算出団体に関する法律に基づいて損害保険料率算定会および自動車保険料率算定会が設立され，いわゆる算定会料率を算出していた。これらの団体は規制緩和後統合され，現在は前章で触れた損害保険料率算出機構となり，参考純率と基準料率を算出している。

7）　厳格な保険料規制による価格競争の制限は，保険会社が財務健全性を維持するに十分な水準の保険料で保険商品を販売することを許容するという点において，1960年代までの米国の保険市場を分析した，いわゆる「規制の虜理論」（capture theory）との関連から，しばしば議論されてきた。すなわち，当時の保険料規制は，消費者の利益を犠牲にしても，政治的支持をより効果的に得られる立場にある保険業界が恩恵を得られるよう設計されていたというものである。しかし，わが国においては，当時の保険料規制が保険会社の支払能力の確保に主眼を置いており，その結果として保険事業保護につながったのではないだろうか。

8）　1992年保険審議会答申「新しい保険事業の在り方」は，規制緩和に関して「経営資源の有効活用により，効率性，収益性を向上させると共に，その成果を的確に利用者に還元する」こと，「規制緩和，自由化を通じて競争の促進を図り，事業の効率化を進める」こと，さらに「国際的に調和のとれた制度を構築する」ことが求められるとしている。

9）　規制緩和当初は，傷害保険と並んで介護保険についても，損害保険料率算出団体は参考純率を算出していた。

10）　フレックス・レートは，許容される保険料に上限を設けるものであるが，競争が不十分であるため価格水準が高騰することを避ける必要があると同時に，一定の価格の柔軟性を確保することが求められる場合にしばしば採用されるものである。

11）　わが国において届出制度は，一部の企業分野の損害保険に採用されているが，これは規制当局への保険料届出後，待機期間を置いてその使用が認められることから，届出後使用制度（file-and-use system）に分類できる。

12）　従来は，保険商品の内容が保険契約者の意向に沿ったものかどうかを，契約申込みの最終局面で確認するものであったが，保険料と保障・補償内容に関して情報劣位にある保険契約者にとって，保険商品の販売・募集当事者が提示した保険商品を最後に評価することは，必ずしも容易ではなかったと言える。

13）　従来は，重要な情報の不告知の禁止など，禁止事項を定めたものであったが，情報提供義務とすることで，募集当事者が保険契約者に告知すべき情報の範囲は広がった。

14）　前章で触れたとおり，保険会社の支払能力評価には，国際保険資本基準の経済価値ベースのソルベンシー比率（Economic Solvency Ratio）の導入が予定されている。

15）　保険契約者保護基金は，1997年の日産生命保険相互会社の破綻により財源が枯渇し，これに代わるものとして生命保険契約者保護機構および損害保険契約者保護機構が設立された。ただし，保険契約者保護機構による保護が十分に手厚いものではないことについては，前章で述べたとおりである。

第4章 保険市場の現状からみた保険規制のあり方

1 はじめに

　保険規制は，保険市場の主要な情報不完全性と不均衡に対処するために，保険料を画一化するというかつての形態から，保険会社の支払能力に関する情報については財務規制の強化により，また，保険料と被保険エクスポージャのリスク実態に関する情報の不完全性については一定の範囲内でのリスク細分化の許容により，それぞれ対処する形態に変化していったことは，前章において分析したとおりである。その結果，生命保険および傷害疾病保険では，保険商品の保険料と保障内容の多様化が進んでいる。損害保険分野でも，火災保険，自動車保険など主要な保険の種類において参考純率制度が導入され，保険料と補償内容の柔軟性が増している。保険商品の多様化は，個人消費者を含む保険契約者にとっては選択の幅が広がり，また，保険会社にとってはリスク細分化をとおして，より正確なリスク判定につながるものとして，否定されるべきものではない。しかし，保険商品の保険料と保障・補償内容の過度な多様化は，とくに個人の保険契約者にとっては保険契約者の探索費用などの負担を重くするだけでなく，保険会社にとっても追加的な費用負担を強いることにもなりかねない[1]。とくに少子高齢化に伴い，公的年金制度や公的医療保険制度についてさまざまな議論がなされるようになり，また，温暖化などに起因して風水災が頻発するなかで，私的保障としての生命保険・傷害疾病保険，そして火災保険をはじめとする損害保険の役割は，今後一層重要となると考えられる 。

　そこで本章では，保険契約当事者が負担する費用に注目し，規制緩和後の保険商品の多様化が，保険契約者の情報収集・比較のための費用，保険会社の保険商品開発，契約維持などの費用，さらに，規制者の監督のための費用などにどのような影響を及ぼしたのかについて分析を行う。そのうえで，保険市場に

おける規制と競争のあり方を探る。

2　生命保険・傷害疾病保険市場の規制と競争

(1)　規制緩和後の生命保険・傷害疾病保険市場

　規制緩和以前，またはそれ以降を問わず，保険規制がその形態を変化させつつも，保険商品の安定供給をその主目的に置いてきたことはすでに述べた。とくに生命保険および傷害疾病保険に関してみれば，これらの保険が，各種公的保険と並んで生活保障システムの一部を担うものであることから，安定的な供給を維持し，その入手可能性と購入可能性を確保することは社会的にも要請されることである。規制緩和後は，これらの保険の分野においても，画一的な保険商品を前提とした戦後型保険規制が大きく転換し，一定の競争が許容されることとなり，実際にもリスク細分化と多様な保障を備えた保険商品が提供されるようになっている[2]。生命保険分野では，事前認可制度は継続されているものの，保険料・保障内容の自由度は大きく高まり，また，傷害疾病保険に関しては，傷害保険の参考純率が損害保険料率算出団体により示されているものの，生命保険会社はもちろん，多くが同団体の会員である損害保険会社にも，使用義務は課されていない。このような規制環境のもと，独自性のある保険商品開発は，保険会社にとって重要な経営戦略の一部となり，実際にも，各保険会社は，潜在的な保険契約者である消費者に対して，保険商品の保険料と保障内容について数多くの選択肢を提示するようになっている。たとえば，保険料の適用基準に関して，その水準を左右する医的診査の基準や，保障に関しては，その範囲や保険金額はもちろん，要介護認定基準など保険金支払のトリガーに関しても，保険会社や保険商品により異なる状況となっている。

　このような保険商品の多様化の許容は，保険会社間の競争による効率化努力を促進すること，また，潜在的な保険契約者が自らのニーズに照らして保険商品を選択することが可能となったことに，一定の貢献をなしていると認められる。さらに，規制緩和によって保険会社が独自のリスク細分化を行うことが可能となったことにより，被保険者のリスク実態に関する情報不均衡が緩和され，

逆選択による市場の非効率性の問題が縮小したとも考えられる。

(2)　保険契約者の費用負担への影響

①　保険会社の支払能力のモニタリング費用

　規制緩和により保険市場の効率性向上が期待できる一方で，保険会社間の競争によって，保険会社の支払能力に関する情報，保険料に関する情報，そして被保険エクスポージャのリスク実態に関する情報の不均衡が一層深刻となった場合には，保険契約当事者に追加的な費用負担を強いることにもなりかねない。なかでも保険会社の支払能力に関しては，元来保険契約者は圧倒的に情報劣位な立場にあった。しかし，前章で見てきたとおり，保険料に関する規制緩和に伴い財務規制が整備され，保険会社の財務健全性に関して規制者によるモニタリングが強化されている状況を見れば，保険会社の支払能力に関する情報不均衡の問題は深刻とはなっていないように見える。むしろ，かつてのように保険料の画一化により保険会社の支払能力を維持しようとした公的介入の仕組みは，保険会社の健全な経営努力へのインセンティブを削ぐことになりかねず，現在の厳格なモニタリングによる公的介入のほうがより確実性の高いものと言える。

②　保険選択のための探索費用

　保険契約者は，保険商品の保険料，そして保障内容に関しても，保険会社に対して情報劣位な立場にあった。その後，消費活動の成熟，情報通信技術の進歩による情報入手機会の増加，そして保険の販売チャネルの多様化によって，保険契約者または潜在的な保険契約者が，複数の保険会社の提供する多様な生命・傷害疾病保険商品の保険料と保障内容に関して情報を得て，比較を行うことが大幅に容易になったと考えられる。このことを前提として，保険商品の多様化が，保険契約者の選択の幅を拡大したことのみに注目すれば，その便益向上に貢献していることは確かである。しかし，多様な保険商品の保険料と保障内容に関する情報が氾濫するなかで，実際には個々の保険商品を適切に比較することは決して容易ではない。その結果，保険契約者は保険商品選択にあたって最適な意思決定をするために，少なからぬ費用負担を強いられているのかも

しれない。このように，保険商品の自由化は，保険契約者に選択の幅の拡大という便益をもたらすと同時に，過度なリスク細分化と保障内容の多様化は，かえって保険契約者に追加的な探索費用を負担させることになり，市場の効率性を損なうことになりかねない。

　保険市場の過度な自由化に対処するための手段としては，保険規制緩和の振り戻し，すなわち公的介入の強化が挙げられる。たとえば，私的保障である保険商品が生活保障システムのなかで大きな役割を担う米国においては，雇用主が被雇用者に提供する医療保険について，保険プランの種類に関わらず厳格な保険料規制が設けられている州が多く，保険者が使用可能なリスク要素を，地域，家族構成および年齢などに限定するとともに，保険料率較差にも制限が設けられている。しかし，公的医療保険や公的年金を含む公的保障が基底をなしているわが国の生活保障システムにおいて，生命・傷害疾病保険市場での規制強化への安易な回帰は必ずしも適切ではないかもしれない。むしろ，後述するように，規制による公的介入によらずとも，保険会社間の協調によって保険料率・保障内容の一定の共通化を行い，過度な多様化を防ぐことも可能ではないだろうか。

(3)　保険会社の費用負担への影響

①　保険契約者に対するシグナリング費用

　保険商品の保険料と保障内容の多様化は，保険契約者だけでなく，情報優位な立場にある保険会社にとっても，追加的な費用負担を課しているかもしれない。すなわち潜在的な保険ニーズを調査し，競争者より魅力ある保険商品を開発し，その保険料と保障内容に関する情報を保険契約者に伝達するためのシグナリング費用は，自由化によって少なくない金額となったのではないだろうか。現在のところ事前認可プロセスと保険会社自身の先見性をとおして，生命保険と傷害疾病保険に関して保険商品の過度の多様化と費用負担は回避できているように見える。しかし，後述するように今後競争圧力がさらに高まった場合には，その圧力にさらされる保険会社が常に十分な先見性をもって合理的に行動

するとは言い切れない。このことから，市場の競争実態と保険会社の行動に関しては，今後も継続的に注視する必要がある。

② 被保険者のスクリーニング費用とモニタリング費用

　規制緩和は，保険会社の負担するスクリーニング費用にも影響を及ぼしている。生命保険・傷害疾病保険の契約引受にあたり，保険会社は被保険者のリスク実態を把握・評価する必要があるが，このためのスクリーニング費用が過大となれば，保険会社の負担を重くするだけなく，その一部が付加保険料に転嫁された場合には，保険契約者の費用負担も重くすることになる。スクリーニング費用は，いうまでもなく，被保険者のリスク実態に関る情報の精度とトレードオフの関係にあるため，情報の精度を高めて逆選択を防止しようとするあまり，そのための費用が得られる便益を超えることとなれば，リスク細分化による高リスク者の保険料引上げ幅が広がるとともに，低リスク者の保険料引下げ幅は限定されることになりかねない。

　生命保険や傷害疾病保険においては，被保険者の年齢，性別，職業など，外形的に比較的容易に判別可能な指標に基づいてリスク細分化が行われるのであれば，スクリーニング費用は過大とならないと言え，事前認可制度を前提とした現状を見れば，大きな問題につながっているようには見えない。いっぽう詳細な日常行動や遺伝情報などをリスク指標として利用することは，個人情報保護の観点からも社会的に許容されるものではないが，スクリーニング費用の面からも適切とは言えず，将来的にも一定の制限が求められるだろう。

　さらに，第2章で触れたインシュアテック（Insurtech）の試みとしてわが国にも登場した健康増進型医療保険は，保険会社が被保険者の歩行量や健康診断結果を継続的にモニタリングし，予め定めた目標値を達成すれば，保険料の割引や還付金の支払いなどを行うものであるが，その仕組みを運営するためのモニタリング費用は現在のところ十分に低いとは言えないかもしれない[3]。ただ，このようなモニタリングの仕組みにより，被保険者の健康維持・増進努力が促され医療費が削減されれば，その結果として期待損失が低下し，運営費用の増加分を償うことも可能であろう。しかし将来的には，被保険者の歩行量だ

けでなく，血圧や心拍数，呼吸数などの指標も収集することが可能になることも予想される。これらの詳細な情報を継続的に収集し，リスク評価に使用するに際しては，前述のリスク細分化と同様に，社会許容性とともに，そのためのモニタリング費用を十分考慮する必要がある。

③　競争圧力による保険会社の行動変化

　以上のようにシグナリング費用，スクリーニング費用，そしてモニタリング費用は，保険会社が十分な先見性と経済合理性を持って行動する限りにおいて，過大となることはない。すなわち，たとえ保険料規制などよる公的介入がなかったとしても，保険会社はリスク細分化と保障内容の多様化による便益と費用を比較し，利益をもたらさない高費用の商品の開発と販売を思いとどまると考えられる。この前提に立てば，わが国の現状は，保険商品は多様化しているものの，いまだ市場の効率性を損なう状況には至っていないと見ることができる。しかしながら，保険会社が，自らの保険商品開発・販売において常に経済合理的に行動するとは限らないことには留意しなければならない。むしろ，現実の市場において競争圧力にさらされる保険会社は，他の競争者に先立って低リスクの保険契約を囲い込むために，費用を顧みない新たなリスク指標を際限なく導入することが起こり得る[4]。このようにして生じたリスク細分化にかかる追加的な費用は，最終的に保険契約の当事者間で負担することとなり，市場全体の効率性は損なわれると考えられる。

⑷　生命保険・傷害疾病保険市場における規制と競争のあり方

　生命保険・傷害疾病保険が，保険市場における情報の不完全性および不均衡の問題を縮小しながら，各種公的保障とともに生活保障システムの一部として安定的に供給されるためには，どのような規制のもとで，どのような競争がなされるべきであろうか。以上のとおり保険商品が多様化している現状を見たうえで，保険会社をはじめとする保険契約の取引当事者が，限定合理的に意思決定し行動することを前提とすれば，生命保険・傷害疾病保険市場における競争には，一定の制限と調整が必要ではないか。

　今後，情報通信技術のさらなる発展と大量のデータの利用可能性の向上により，リスク細分化と継続的なリスク評価の費用は低減していくと予想されるが，その状況を考慮しつつも，使用すべきリスク指標は，スクリーニング費用とモニタリング費用が過大とならないものに制限していくことが求められる。このことによって，保険料に関して情報劣位にある保険契約者が，重い探索費用を負担することなく適切な意思決定を行うことが可能となり，同時に保険会社にとっても逆選択の問題を最小化しつつ，リスク細分化とアンダーライティングにかかるスクリーニング費用と，保険契約維持にかかるモニタリング費用を軽減できると考えられる。また，保障内容に関しても，保険契約者のニーズに対応する最低限の多様化は許容されるべきであるが，高次後遺障害判定基準といった保険金支払いのトリガーに関しては一定の体系化・標準化が求められるのではないか。これにより，保障内容に関する情報不均衡は緩和され，保険契約者にとっては情報収集・比較のための探索費用が，保険会社にとっては自社の保険商品に関して周知するためのシグナリング費用が軽減されると期待できる[5]。

　しかし，これらのことをすべて規制による公的介入によって行ったのでは，多様な保険商品の内容を審査し認可を行う規制者の費用も軽いものではなくなるだろう。その意味でも，現在のような事前認可プロセスは今後も維持されるべきであるが，これに加え，保険会社間の協調が必要かもしれない。たとえば，生命保険・傷害疾病保険の保障ニーズが比較的均質な個人分野の保険契約に関しては，約款の標準化を行ったり，損害保険料率算出団体が参考純率を算出している傷害保険に関しては，それを活用するなどにより，保険料と保障内容の一定の共通化を，保険会社間の協調により行うことも，議論の余地があるのではないか。

3　損害保険市場の規制と競争

(1)　規制緩和後の損害保険市場

　わが国の損害保険市場は，かつての統一料率市場に近似した状態から，規制緩和を経て保険会社間の競争が促進された。しかし，市場が完全に自由化されたわけではなく，事前認可制度とリスク細分化に関する制限というかたちで，一定の規制は現在も行われていることは前章においても触れた。すなわち，損害保険の主要な分野において事前認可制度が採用されていることに加え，自動車保険，火災保険といった個人の保険契約者が少なくなく，また個人や企業・組織の活動に密着した保険種目については，損害保険料率算出団体が参考純率を算出している。保険会社には参考純率の使用義務が課せられていないが，独自の純保険料算出のための費用との比較から，すすんで参考純率を使用する保険会社も多く，保険料に関する過度の競争を抑制している。また，自動車保険においては，使用可能なリスク指標に関して引き続き制限が設けられており，保険料体系は保険会社および保険商品間で多様化しているものの，過度な競争状態にはなっていない[6]。また，自賠責保険および地震保険に関しては基準料率制度のもと，保険会社が独自の保険料を使用する余地を残しながらも，結果的にすべての保険会社が使用する保険料は統一されている。これらのことからは，他の先進市場においてしばしば採用されている届出後使用制度や届出不要制度のような，事後の保険料規制に移行しているわけではなく，わが国の損害保険市場では，あくまでも事前の規制が継続していると言える[7]。このような現状認識に立って，以下では保険市場における情報不完全性がどのように変化し，保険契約当事者の費用負担にどのような影響を及ぼしているのか分析を行う。

(2)　保険契約者の費用負担への影響

①　保険会社の支払能力のモニタリング費用

　生命保険・傷害疾病保険と同様に，損害保険分野においても，規制緩和後ソ

ルベンシー・マージン比率をとおした財務規制が強化されるなど，事前の財務規制が行われている[8]。規制者が，保険契約者に代わって保険会社の財務健全性のモニタリングを行っているとみなせば，保険契約者の費用負担が重くなったとは言えないのではないだろうか。

② 保険選択のための探索費用

規制緩和以前においては，主要な保険の種類において，保険料と並んで保険約款の文言も統一され，補償内容も同一であった。保険約款の標準化により，保険契約者の自由な選択を制限してでも，保険料，そして補償内容に関して情報劣位にある保険契約者が不利益を被ることを回避していた。規制緩和は，保険会社の経営効率性向上と保険商品開発への努力を促進し，保険料の低廉化と選択の幅の拡大をとおして，保険契約者の便益向上に貢献してきたことは確かであるが，同時に，さまざまな保険商品の登場により保険会社一社の提供する補償内容が複雑化するとともに，保険会社間での違いも大きくなっている[9]。このような状況において，とくに個人の保険契約者は，保険商品の保険料体系・水準と補償内容，さらには自らのリスク特性を熟知し，それらを全て勘案して最適な選択を行うことは，保険契約者にとって非常に困難なことであろう。

(3) 保険会社の費用負担への影響

① 保険契約者に対するシグナリング費用

保険商品の多様化は，保険会社自身の費用負担も重くしているかもしれない。損害保険についても，多様な保険商品を提供することは，保険会社にとっても，費用負担を強いるものであることは，生命保険・傷害疾病保険と変わらない。すなわち，保険会社は，自らが開発した様々な保険商品の保険料と保障内容，そして他の競争者の保険商品と比べた優位性を，潜在的な保険契約者に知らせるために，少なくないシグナリング費用を支払っているのではないだろうか。

② 被保険エクスポージャのスクリーニング費用とモニタリング費用

規制緩和以前において，事実上すべての保険会社によって使用されていた損害保険料率算出団体が算出した保険料率にも，現在のように多様ではなかった

ものの，いくつかのリスク細分化が導入されていた。たとえば，自動車保険における運転者年齢区分も規制緩和以前から存在したものであったが，リスク細分化が進んだ現在よりも比較的大きな保険料内部補助が許容されていた。言い換えれば，かつての保険料規制は，保険商品の保険料と補償内容および保険会社の支払能力に関する情報不均衡を解消することを主眼として設計されたものであり，被保険エクスポージャのリスク実態に関する情報不均衡の問題については，保険会社の自由なリスク細分化を制限し，統一的に対処していた。その後，規制緩和によって保険会社が独自のリスク細分化を行うことが可能となったことにより，特定のリスクカテゴリーにおいて内部補助に基づくプール保険料（pooled premiums）をすべての保険契約者に適用していた状況から，高リスク者の保険料が引き上げられると同時に低リスク者の保険料が引き下げられるという，分離保険料（separating premiums）が適用されるようになった。このことにより，プール保険料のもとで潜在していた逆選択は，大きく緩和されるようになる。リスク指標が，期待損失と正の相関がある限りにおいて，リスク細分化の許容は，被保険エクスポージャのリスク水準に関する情報不均衡を縮小し，逆選択を緩和することをとおして，保険市場の効率性が向上したと言える。

　しかし，リスク細分化には，しばしば少なからぬ費用がかかることには留意する必要がある。従来の自動車保険のように，年齢や運転歴など，比較的に入手容易な指標に基づいてリスク細分化を行うのであれば，そのための費用は低いと考えられる。しかし，許容されているリスク指標のなかでも，自動車の使用目的や走行距離などについて，保険契約者の申告のみに基づくのではなく，過去の一定期間の詳細な実績記録などに基づいてリスク評価を行えば，情報の精度を高めることはできても，そのための費用は決して低くはないだろう[10]。また，期待損失と正の相関関係にないリスク指標によるリスク細分化は，逆選択の緩和にはつながらないばかりか，社会的にも許容されないかもしれない。

　さらに，健康増進型医療保険と同様に，損害保険分野においてもテレマティクスによる情報通信技術を利用して被保険エクスポージャを継続的にモニタリ

ングする保険商品が登場している。たとえば，運転挙動反映型自動車保険は，自動車の走行距離や，運転者の急制動や急加速などの運転挙動に関する情報を収集し，リスク評価をおこなうものであるが，将来的には運転地域や時間帯なども収集可能となるかもしれず，これらを，地形や道路状況，天候などの外部情報とともに分析してリスク測定を行うこととなれば，保険会社の負担するモニタリング費用が増えるかもしれない。このように，保険会社がリスク情報の精度を向上させようとするあまり過大な費用をかければ，保険市場の効率性は損なわれるおそれがある。

③　競争圧力による保険会社の行動変化

　生命保険と傷害疾病保険に起こり得た競争圧力にさらされる保険会社による過度のリスク細分化の問題は，損害保険分野においても潜在する。たとえば，ある保険会社が，低リスク契約者を選別的に引き受けるために，競争者が未使用の，低リスク者の選別が可能な指標を導入するかもしれない。すると競争者もこれに追従しなければ，残余の高リスクの契約集団を抱え込むことになるため，情報入手のための費用を考慮することなく新たなリスク区分を際限なく導入することが起こり得る。このことは，米国の一部の州の自動車保険市場において見られたように，高リスクの運転者に禁止的に高額な保険料を適用することにより，その契約引受を実質的に拒否するクリームスキミングを引き起こすことにもなり得る。自動車保険のように運転者だけではなく，他の自動車事故当事者も不利益を被るようなリスクを対象としている自動車保険やその他の損害賠償責任保険の場合，保険の入手可能性が著しく低下した結果，無保険者が増加すれば，残余市場機構により，それらを保険会社に割り当てるといった，新たな社会的費用が生じることになる。

　このような議論を踏まえ，現在のわが国の保険料規制を見ると，使用可能なリスク指標を限定し，保険料率体系の過度な複雑化を防止することをとおして，保険料に関して情報劣位にある消費者の利益を確保していることは言うまでもないが，それと同時にリスク細分化が制限なく進行することにより市場効率性が著しく低下する状況を回避していると見ることができる[11]。

⑷　損害保険市場における規制と競争のあり方

　生活保障システムの一部を担う生命保険・傷害疾病保険はもちろん，損害保険も，そのリスク移転機能と金融仲介機能をとおして，経済において重要な役割を担っていることには変わりない。したがって，保険会社の財務健全性を維持すると同時に，潜在的な保険契約者にとって保険の入手可能性と購入可能性を確保しなければならないが，そのためには，損害保険市場においてどのような規制による公的介入と保険会社間の競争が求められるであろうか。

　これまで見てきたとおり，損害保険に関しては，規制緩和により保険商品の保険料と補償内容が多様化したことにより，保険契約者の選択の幅が広がると同時に，保険会社間の競争をとおして事業効率化努力を促すこととなった。このような便益が認められるいっぽうで，とくに個人の保険契約者にとっては，保険会社および保険商品の選択のための探索費用の負担が求められるようになった。また，保険会社にとっても，保険契約締結前においては，自らの財務健全性と保険商品の優位性に関して契約者から理解を得るためのシグナリング費用と，被保険エクスポージャに対するスクリーニング費用の負担が，契約締結後には，被保険エクスポージャのモニタリング費用の負担が，それぞれ課されることとなった。損害保険の多くの分野において，事前認可制度が採用され，また，主要な保険種目においては参考純率制度と基準料率制度によって，保険料と補償内容の過度な多様化が制限されている現状においては，保険契約当事者の費用は，その便益に比較して過大となっているようには見えない。しかしながら，保険料と補償内容のさらなる自由化は，当事者の費用負担を過度に重くし，損害保険市場の効率性を損なうことにもなりかねない。

　リスク細分化に一定の自由度が与えられたことに注目すれば，保険会社が，被保険エクスポージャのリスク実態に見合った保険料を適用することをとおして，逆選択の緩和につながっていると見ることができる。一方で，前述のとおり，保険会社のスクリーニング費用は重くなっていることも推測されるとともに，期待損失と正の相関のないリスク指標が使用された場合には，逆選択の問題は緩和されないばかりか，社会的にも許容されないおそれがあった。このた

め，使用可能なリスク指標の範囲については，そのための費用と，期待損失との相関関係を勘案しながら限定していく必要があるのではないだろうか。このことは，競争圧力にさらされる保険会社が，行き過ぎたリスク細分化競争に陥り，残余市場機構の運営などの新たな費用が発生するような事態を回避していくために，社会的にも求められることである。同様に情報通信技術の発展と大量の情報の利用可能性の向上は，運転挙動反映型自動車保険に見られるように，保険会社が，被保険エクスポージャのリスク実態に関して精緻なモニタリングを継続的に行うことも可能にしている。テレマティクスを用いたこれらの保険商品のモニタリング費用は，さらなる技術発展により将来的に軽減していくと考えられるものの，収集可能な情報の範囲には，そのための費用負担だけでなく社会的許容性の観点からも，制限が設けられるべきである。保険料規制が，保険会社の支払能力の維持にも貢献し，財務規制のための公的支出を軽減するものであることに鑑みても，損害保険においても，保険料と補償内容に関して，規制による公的介入などにより一定の共通化はなされるべきであろう。とくに個人分野の火災保険や自動車保険，賠償責任保険に関しては，企業分野の損害保険と比べてエクスポージャのリスク実態と規模が比較的均質であり，求められる補償内容も大きな違いはないと考えられ，参考純率や標準約款の活用など，保険会社間の私的調整による標準化が積極的に行われるべきではないだろうか。

4　保険の入手可能性確保のための規制と競争

保険規制に求められる役割の一つは，保険市場における様々な情報不完全性と不均衡を緩和し，保険契約当事者の費用負担を軽減することである。このような目的をもって，規制緩和以前の保険規制は，とくに保険会社の支払能力に関して保険契約者が情報劣位にあることを重視して設計されたものであった。一方，現在の保険規制は，被保険エクスポージャのリスク実態に関する情報不均衡を，リスク細分化の許容によって補完することを重視するものになっている。言い換えれば，保険規制の主要な目的が，**図表4－1**のように，保険会社の財務健全性を確保することで保険事業を発展させ，保険のリスク移転機能と

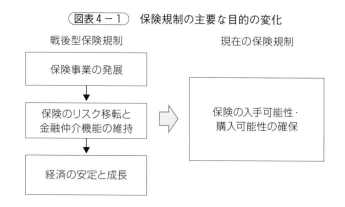

図表4－1　保険規制の主要な目的の変化

金融仲介機能を維持し，ひいては経済の安定と成長を目指したものから，規制緩和を経て，保険会社の財務健全性を維持するとともに，高リスク者の保険料水準を抑制することをとおして，保険の入手可能性と購入可能性を確保することに変化したと見なすことができる[12]。

このような転換により，保険規制の形態と，保険契約当事者の費用負担構造は，大きく変化することとなった。すなわち図表4－2に示したとおり，保険会社に対する財務規制が強化されるとともに，保険契約者保護制度が生命保険，損害保険の双方の分野に整備されることにより，保険会社の支払能力に関して情報劣位にある保険契約者の立場を補完し，そのモニタリング費用を軽減していると考えられる。一方で，保険料規制の緩和は，新たな保険商品の提供とリスク細分化を許容することで，保険の安定供給を促進する反面，保険契約者にとっては保険会社と保険商品に関する情報を入手し，比較し，そして選択する探索費用を課すおそれもあった。また，保険会社にとっても，自らの財務健全性や保険商品の優位性のシグナリング費用，そして保険契約引受に際して被保険エクスポージャをカテゴライズするスクリーニング費用を課すことになっている[13]。さらなるリスク細分化が進めば，クリームスキミングをとおして，高リスク者の保険入手可能性が著しく損なわれるおそれも認められる。このことを踏まえて現在のわが国の現状を見れば，保険商品の保険料と保障・補償内容は，事前認可制度を軸とした公的介入によっても，また，参考純率や標準約款

（図表4－2） 保険市場における当事者の費用と保険規制

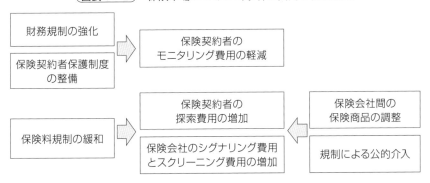

の使用などの保険会社間の調整によっても，保険契約当事者の費用負担が過大となることを防いでいると考えられる。

　ただ，最善を期して設計された規制の仕組みであっても，保険市場に情報問題が潜在する限りは，十分に機能しないことがあり得る。だからといって，規制強化への安易な回帰を避けるべきであることは言うまでもない。保険市場の規制による公的介入と，保険会社間の競争と協調のあり方は，保険のリスク移転と金融仲介の機能を確保し得ているのかどうかという観点から，継続的に見直されていくべきであろう。

■注

1) 　前章までと同様に，生命・傷害疾病保険および公的保険の分野では「保障」を，損害保険の分野では「補償」を用いるが，保険の種類を特定しない場合は，両者を併記した。

2) 　生命保険と傷害疾病保険がリスク細分化により多様な保障を提供するのに対し，公的医療保険をはじめとする公的保障が，被保険エクスポージャのリスク実態に関わらず内部補助を前提としたプール保険料で均一的な保障が提供される。これらの二者の併存の合理性については，第Ⅲ部において詳しく分析する。

3) 　第2章でも触れたとおり，継続的なモニタリングなどの費用の一部は付加保険料に反映され，その結果，低リスク者への保険料引下げ幅は限定されることになる。

4) 　一方で任意加入の保険においてリスク細分化が行われなかったり，低リスク者と高リスク者の間での大規模な内部補助を伴うような限定されたリスク細分化しか行われない場合には，高リスク者にとっては保険料が割安となり，すすんで保険に加入すると考えられる一方で，低リスク者にとって保険料は割高となるため，保険への加入を躊躇するという，逆選択が引き起こされるお

それがある。近年，加入にあたって医的診査を必要としない疾病保険が見られるようになっているが，これらの保険商品では，被保険者の年齢に制限をもうけるなどアンダーライティングを強化したり，逆選択の発生を前提とした保険料水準となっているかもしれない。

5）　保険会社が自社の保険商品の保障内容を共通化することは，保険金支払業務を標準化し，そのための管理運営費を軽減することにもつながる。

6）　自動車保険に関しては，保険業法施行規則が，使用可能なリスク指標の種類を，年齢，性別，運転歴，自動車の使用目的，自動車の使用状況（年間走行距離等），地域，車種，安全装置の有無，自動車の所有台数の9種類に限定している。

7）　わが国においても一部の保険契約についてとられている届出制度は，届出後使用制度に分類できるが，一定規模以上の企業を契約者とする一部の種類の保険に限定されている。

8）　第2章および第3章でも触れたとおり，保険会社の支払能力評価には，国際保険資本基準の経済価値ベースのソルベンシー比率（Economic Solvency Ratio）の導入が予定されている。

9）　たとえば，規制緩和後，自動車保険における人身傷害補償保険や，傷害疾病保険における多様な特約などの登場に見られるように，商品開発努力は，保険会社にとって重要な戦略となっている。

10）　保険契約者の保険金請求歴に関しては，自動車保険における経験料率である，いわゆるノンフリート等級制度の運営にあたって，保険会社間で情報交換を行う仕組みが，規制緩和前より構築されている。このような仕組みは無費用で運営することはできないものの，過度の費用を要しているようには見えない。

11）　ただし，自動車保険において使用が許されている使用可能なリスク指標に含まれる自動車の使用目的や使用状況などは，その範囲が曖昧であり整備の余地があるかもしれない。

12）　ただし，保険規制が，一貫して保険の安定供給を目指してきたことに変わりないことは，前章において分析したとおりである。

13）　さらに，健康増進型医療保険や運転挙動反映型自動車保険を提供している場合には，テレマティクスなどによる被保険エクスポージャのモニタリング費用を負担することになる。

■第Ⅰ部参考文献

奥野正寛・伊藤秀史・今井晴雄・西村理・八木甫訳（1997）『組織の経済学』NTT出版（Milgrom, P. and J. Roberts（1992），*Economics, Organization & Management,* Prentice Hall, Inc, 1992）。

下和田功編（2014）『はじめて学ぶリスクと保険』（第4版），有斐閣ブックス。

諏澤吉彦（2008）「衛星通信技術を利用した新たな自動車保険の経済分析」『保険学雑誌』第602号，pp.31-49。

諏澤吉彦（2010）「損害保険料率規制の転換―保険市場の情報問題からの一考察―」『保険学雑誌』第611号，pp.61-79。

諏澤吉彦（2018）『リスクファイナンス入門』中央経済社，2018年。

諏澤吉彦（2018）「Insurtech によるリスク評価の精緻化と保険選択への影響」『損害保険研究』第80巻第3号，pp.79-100。

近見正彦，吉澤卓哉，高尾厚，甘利公人，久保英也（2006）『新・保険学』，有斐閣アルマ。

東京海上日動火災保険株式会社編著（2010）『損害保険の法務と実務』，財団法人金融財政事情研究会。

堀田一吉（2009）「保険自由化の評価と消費者利益 ―損害保険を中心に―」『保険学雑誌』第604号，pp.5-24。

山下友信（2009）「自由化後10の検証：問題提起」『保険学雑誌』第604号，pp.1-4。

米山高生（2002）「戦後の生命保険システム」，田村祐一郎編『保険の産業分水嶺』第2章，千倉書房。

米山高生（2009）「戦後型保険システムの転換―生命保険の自由化とは何だったのか？―」『保険学雑誌』第604号，pp.25-44。

米山高生・諏澤吉彦（2011）「統一料率と保険会社のインセンティブ―自賠責保険と地震保険が経営に与えた影響―」『損害保険研究』第73巻第1号，pp.121-145。

Crocker, K. J., A. Snow（1986）"The Efficiency Effects of Categorical Discrimination in the Insurance Industry" *Journal of Political Economy,* Vol.94, Issue 2, pp.321-344.

Dionne, G. and C. Rothschild（2014）"Economic Effects of Risk Classification Bans," *Geneva Risk and Insurance Review,* Vol.39, Issue 2, pp.184-221.

Harrington, S. E., H. I. Doepinghaus（1993）"The Economics and Politics of Automobile Insurance Rate Regulation" *Journal of Risk and Insurance,* Vol.60. No.1, pp.59-84.

Harrington, S. E., G. R. Niehaus（2004）*Risk Management and Insurance,* 2nd Edition, McGraw-Hill.

Honahan, P., J. E. Stiglitz（2001）"Robust Financial Restrain," in *Financial Liberalization: How Far, How Fast?* edited by G. Caprio, P. Honahan, J. E. Stiglitz, Cambridge University Press.

Hoy, M.（2006）"Risk Classification and Social Welfare," *Geneva Paper on Risk and Insurance-Issue and Practice,* Vol.31, Issue 2, pp.245-269.

Inoguchi, M., Y. Ma, N. Pope, Y. Suzawa（2016）"Insurance Business Synergies, Economic Growth and Strategic Planning," *International Journal of Business Environment,* Vol.8, No.3, pp.191-216.

Rothchild, M., J. E. Stiglitz（1976）"Equilibrium in Competitive Insurance Markets: An Essay on the Economics of Imperfect Information," *Quarterly Journal of Economics,* Vol.90, No.4, pp.629-649.

Scordis, N. A., Y. Suzawa, A. Zwick, L. Ruckner（2014）"Principles for Sustainable Insurance: Risk Management and Value," *Risk Management and Insurance Review,* Vol.17, No.2, pp.265-276.

Skipper, H. D., W. J. Kwon（2007）*Risk Management and Insurance: Perspectives in a Global Economy,* Wiley-Blackwell.

Stigler, G. J.（1971）"The Theory of Economic Regulation," *Bell Journal of Economics and Management Science,* Vol. 2, No.1, pp.3-21.

Vaughan, E. J., T. M. Vaughan（2013）*Fundamentals of Risk and Insurance,* 11th Edition, John Wiley & Sons, Inc.

第Ⅱ部

保険市場と金融市場の
融合と国際化

第5章

金融市場の特徴と公的規制

1 はじめに

　近年，商品・サービスの国際取引の活発化や海外投資の増大など，企業活動・投資活動のグローバル化が進展すると同時に，金融コングロマリットに代表される巨大な金融・保険グループの誕生に代表される，保険，銀行および証券といった伝統的な金融業態間の垣根を超えた融合も進んでいる。このような，金融市場の融合とグローバル化は，これまでの各金融分野の市場特性を変化させると考えられ，それに伴い，分野ごとに設計され実施されてきた公的規制も市場実態の変化に対応した調整が迫られている。このような現状認識に立って，本章では，新たな金融規制のあり方の前提として，広く金融市場全体を視野に入れ，情報の不完全性，市場支配力，そして外部性といった要素が，どのように保険，銀行および証券の各市場の特性に影響を及ぼしているのかについて分析を試みる。

2 金融市場における公的介入の合理性

　伝統的な保険市場の完全性を損なう要素としては，取引に関する情報の問題が重要であったことは，第1章において分析したとおりである。すなわち，保険市場には，保険料に関する情報，保険会社の支払能力に関する情報，そして被保険エクスポージャのリスク実態に関する情報に，不完全性および取引当事者間の不均衡が存在し，保険規制による公的介入は，これらの問題を緩和するために設計され，実施されてきた。しかしながら，銀行および証券市場に目を向ければ，以下のとおり，情報に関する問題のみならず，市場支配力および外部性の問題にも深刻な事態を招くおそれがある。

(2)　金融市場における市場支配力

　特定の取引当事者が市場支配力を持たないためには，商品・サービスの販売者が数多く存在し，かつ互いに比較的小さい市場シェアを分け合っている必要があり，同時に，商品・サービスの購入者の数も十分多く，いずれも規模が大きくないことが求められることは，第 1 章においてすでに述べた。このような市場においては，当事者の意思決定と行動の集積の結果，商品・サービスの価格と取引量は均衡点に到達し，特定の当事者がそれに影響を及ぼすことはない。しかし，現実の金融市場においては，数多くの小規模な商品・サービス販売者が存在するとは言えない。金融機関の免許規制は，財務健全性に関する不完全情報の問題を緩和するために設けられているものであるが，それに含まれる最低資本要件などは新規参入者に対して費用を課すものである。それと同時に，免許規制による諸要件を満たすためにも，また，効果的にリスク分散を実現するためにも，金融機関が一定の規模を持ったほうが有利であることは言うまでもない。たとえば，保険会社は，保有する保険契約ポートフォリオの規模を大きくすればするほど，保険のプーリング効果を引き上げることが可能である。また，銀行も数多くの企業や個人に，比較的少額の融資を行っていれば，信用リスクを内部的に縮小することができる。このように，金融市場における金融機関の数は，第 1 章で行った保険市場に関する分析と同様に，規制による公的介入によっても，競争をとおした淘汰によっても，自ずと限定されることとなり，寡占に近い状態に陥りやすい。その結果，特定の当事者が商品・サービスの価格を左右する事態にもなりかねない。さらに，特定の販売者が，競争者に先駆けて新たな商品・サービスを開発し供給することで，競争を通すことなく価格付けを行うことも可能である。とくに保険商品などの金融商品は，前述のとおりその価格と質に関する情報が著しく不完全であるため，市場支配力の問題が潜在的に深刻化しやすいのではないか[2]。

(3)　金融市場における外部性

　外部性とは，第 1 章でも触れたとおり，ある主体の行動が，取引相手にない

他者にスピルオーバー効果を及ぼすことにより生じ，この効果が他者の利益につながれば正の外部性に，他者に費用を課すものであれば負の外部性となる。金融市場においては，負の外部性の問題が重要となる。すなわち，金融市場において，特定の金融機関が財務上の困難に陥れば，その影響が金融市場，ひいては経済全体の取引当事者の意思決定と行動に影響を及ぼすことにもなりかねない。このようなシステミックリスクは，ある金融機関の破綻が，他の金融機関の財務困難を招き，さらには他の経済主体の財務状況に波及するといういわゆるカスケード効果（cascading effect）によって深刻化する。このような事態は，金融機関が破綻するのではないかという懸念を多くの債権者が持つことにより，同時に請求を行うことによっても引き起こされる。システミックリスクは，金融市場のなかでもとくに銀行分野においては，ある銀行の破綻が他の銀行の破綻を招き，金融市場の信用を低下させ，さらには預金者の銀行取付けを引き起こすおそれがあることから重大である。

3　金融規制の分野と目的

　規制の公共利益説（public interest theory of regulation）に従えば，規制による公的介入が許容されるには，それが市場の不完全性を緩和し，非効率を是正し得るものでなければならないことは，第Ⅰ部においても繰り返し述べた[3]。金融市場にさまざまな不完全性が存在し，それにより非効率がもたらされていることは前節での検討から明らかであるが，実際の金融市場規制はこれらの問題を緩和し得るように設計されているのであろうか。規制による公的介入が許容されるには，市場の不完全性が実際に存在すること，そのことにより重大な非効率がもたらされていること，そしてそうした非効率が介入によって緩和され得ることが求められる。仮に不適切な規制が実施されれば，後述するようにいわゆる政府の失敗につながりかねない。このことを踏まえたうえで，実際の金融市場を見れば，規制による公的介入は，これまで大きく3つの領域で行われてきたと言える。すなわち，保険，銀行および証券の伝統的な金融分野における規制では，その市場特性により重視される領域は異なるものの，その全体

的な枠組みは，健全性規制（prudential regulation），市場行動規制（market conduct regulation），そして競争規制（competition regulation）の三者により構成されてきたと言える。

(1)　健全性規制

　健全性規制とは，金融機関の財務健全性に焦点を当てたものであり財務規制（financial regulation）とも呼ばれる。保険分野における健全性規制は，第 I 部において見てきたように，保険会社の支払能力を継続的に監視するソルベンシー規制が主軸をなしている。また，銀行分野においては，自己資本比率規制や大口融資規制などを含むバランスシート規制や，検査・考査がこれに分類される。これらの健全性規制は，前節において検討した金融市場の不完全性のなかで，とくに情報の不完全性と負の外部性の問題を縮小することを目指すものである。たとえば，保険会社の支払能力を左右する財務状況に関しては，保険契約者が保険会社に対して圧倒的に情報劣位にあるため，保険契約者は不完全な情報に基づいて保険会社選択に関する意思決定を行わなければならない。このためソルベンシー規制により，保険会社の財務健全性を確保することにより，このような情報不均衡を緩和しようとしている。一方，銀行分野においては，銀行の破綻が金融市場，ひいては経済全体に深刻な影響を及ぼしかねない。このような負の外部性の顕在化を防止するために，健全性規制をとおして銀行の安定的経営を事前に維持しようとしている。

(2)　市場行動規制

　市場行動規制とは，金融市場での取引当事者間の情報不均衡を縮小することを目的として，主に金融機関の金融商品・サービス販売行動を対象にして行われるものである。たとえば，保険分野における保険料規制，販売規制などは，保険商品の保険料と保障・補償内容に関して情報劣位にある保険契約者が適切な意思決定を行い得るように保険商品の保険料体系・水準と保障・補償内容に一定の規制を設けたり，販売に際して保険会社または保険代理店が適切な情報

提供を行ったりすることを目指した市場行動規制であると言える。また，証券分野においても金融機関が適切な情報開示を求めていることも，金融商品の安全性や収益性，流動性に関する金融機関と証券購入者の間の情報不均衡を縮小しようとするものである。

(3)　競争規制

　競争規制とは，前述の金融市場の不完全性のなかでも市場支配力に焦点を当てたものである。すなわち，金融機関が競争制限的な行動をとることにより，市場に非効率がもたらされるという事態を回避するものであり，反トラスト規制または独占禁止規制とも呼ばれる。競争規制は，金融機関が個別に市場支配力を濫用し，競争制限的な行動をとることを防止するだけではなく，複数の金融機関が，水平的または垂直的に競争制限的な取り決めを結ぶことも禁止するものである。前者には，圧倒的な市場シェアなど自らの優位性を利用して金融商品の価格や質を操作したり，その供給量をコントロールしたりすることなどが含まれる。後者には，金融機関が市場分割協定を結ぶことにより市場シェアを相互に割り当てたり，価格協定により利潤を得るに十分な水準に金融商品の価格を設定したり，さらに，特定の市場における排他的取引を黙認することなどが含まれる。健全性規制と市場行動規制が規制主体の事前的，継続的な対処を軸とするのに対して，従来の競争規制は，問題が顕在化すれば対策を講じるという事後的，一時的な対処が中心となっている。

　以上のような金融市場の不完全性と規制の領域との関係性を図示すれば，**図**

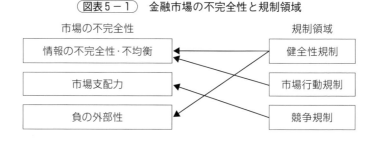

（図表5−1）　金融市場の不完全性と規制領域

表5－1のとおりとなる。すなわち，健全性規制は，金融機関の財務健全性に関する情報の不完全性と，システミックリスクに代表される負の外部性の顕在化を防ぐことに主眼を置くものである。また，市場行動規制は，金融商品・サービスの価格や質に関する情報の不完全性と取引当事者間の不均衡に着目し，とくに情報劣位にある購入者が適切な意思決定を行い得るように販売者である金融機関の行動をコントロールするものである。そして，競争規制は，市場支配力の問題が深刻化するおそれのある市場において，取引当事者の競争制限的な行動を是正することを目的としたものである。

(4) 不適切な規制の回避

　市場に対する規制による公的介入が，情報の不完全性，市場支配力，負の外部性などの市場の不完全性を縮小し，市場の非効率を緩和するためには，規制の内容と実施方法が常に適切でなければならず，かりに不適切な規制が実施されれば，いわゆる政府の失敗につながりかねない。政府の失敗は，規制主体を含む政策決定者の不適切な意思決定などさまざまな要因で起こり得るが，金融市場においてとくに重大となるのは，金融取引当事者がレント追求行動（rent-seeking behavior）をとることにより，いわゆる規制の虜（regulatory capture）の問題が生じたときであろう[4]。

　健全性規制および市場行動規制はもちろん，競争規制も，金融市場に関しては，しばしば競争制限的に設計されていることは，これまでの分析で見てきたとおりである。規制が，金融商品の供給者である金融機関または需要者である個人や企業・組織のいずれかに不当に利益を与えるように設計され実施された場合，取引当事者の生産性を損ない，市場に非効率をもたらすことになる。たとえば，保険料の水準を規制によって統制するようなケースにおいては，保険会社の財務健全性を過度に重視すれば保険会社のレント享受を許容することにつながる[5]。このことを認識する保険会社は，積極的に政策決定者と規制者に働きかけ，自らに有利な規制を設計させ，実施させるかもしれない。

　このような規制の虜の問題は，保険のみならず他の金融市場においても起こ

り得るものである。規制の対象となる金融機関は，消費者と比較して，規制の内容に関して多くの情報を得ることができるとともに，産業全体としての利害も一致しやすいと言える。その結果，事業者団体などをとおして，政策決定者と規制者の意思決定をコントロールしようとするおそれがある。とくに金融産業と何らかの関係性を持つ当事者が政策決定者や規制者となった場合には，その利益を代理した行動をとるかもしれない。このように，金融市場の不完全性を補完するために不可欠である規制であっても，それが不適切に設計され，実行されるおそれがあるため，新たな金融規制の枠組みの設計に際しても，政府の失敗につながるものでないか，慎重な検討が求められる。

4　伝統的な金融市場と規制

　金融規制は，これまで見てきたように健全性規制，市場行動規制および競争規制の三者の組合せによって形づくられてきたが，伝統的な金融分野である保険，銀行および証券の各市場の特性は大きく異なるため，市場の不完全性を補完するための規制の形態も，分野間で異なっている。以下では，伝統的な各金融分野において，どのような不完全性が存在し，どのような非効率を生じ得るのか，それを回避するためにどのような規制が行われてきたのかについて見ていく。

(1)　保険市場と規制

　保険市場には保険会社の支払能力に関する情報，保険料に関する情報，そして被保険エクスポージャのリスク水準に関する情報に関して不完全性や取引当事者間での不均衡が存在することは，第Ⅰ部で詳しく分析したとおりである。保険分野における多様な規制は，これらの情報問題を緩和し，保険契約者と保険会社の費用負担を軽減することを目指しているが，なかでも，保険会社の財務健全性すなわち支払能力を確保することに重点を置くソルベンシー規制や保険契約者保護制度を中心とした健全性規制に保険規制の重点が置かれている。これは，保険会社の財務健全性に関して情報劣位にある保険契約者を保護する

ことに主眼を置いている点において，後述するシステミックリスクをより重視する銀行分野における健全性規制とはその目的が異なる。いっぽう過度に厳格な健全性規制は，保険契約者が保険会社の財務健全性をモニタリングするインセンティブを低下させ，その結果，保険会社の経営者がリスクテイキングな意思決定を行うモラルハザードの問題を引き起こすおそれがある。すでに分析したとおり，過度に手厚い保険契約者保護制度が，消費者による慎重な保険会社選択へのインセンティブを弱め，ひいては保険会社の財務健全性維持のための努力水準を低下させ得ることは，しばしば議論されているとおりである。

　また，保険料規制，販売規制を含む市場行動規制は，前述のとおり保険商品の価格である保険料と，その保障・補償内容に関する情報の不完全性を補完し，保険契約者の適切な意思決定を助けている。しかし同時に，保険市場には，被保険エクスポージャのリスク実態に関する情報不均衡が存在することにも留意しなければならない。第1章で分析したように，保険会社は，被保険者，被保険物件のリスク水準や特徴に関して無費用で精度の高い情報を得ることはできない。仮に規制者が，保険料に関する情報の不完全性を過度に重視し，保険会社にリスク細分化を許さない厳格な保険料規制が実施され，同一の保険商品をリスク実態にかかわらず低リスク者から高リスク者への内部補助によるプール保険料で提供すれば，高リスク者ばかりが保険商品を購入するといった逆選択が引き起こされることになる。このような事態を恐れる保険会社は，保険商品の提供を制限するかもしれない。多くの成熟市場において保険規制が一定の範囲でのリスク細分化を含む保険会社間の競争を許容しているのは，これらの市場において私的保険が公的保障とならんで生活保障システムの一部を担っている場合が多いため，保険規制が情報の不完全性を緩和しながら保険商品の安定供給を維持することを重要な目的としているからである。

　市場支配力に対応するための競争規制は，他の産業においては前述のとおり特定の当事者が市場支配力を濫用し商品・サービスの価格をコントロールする事態を回避するために，競争を促進することに主眼を置いている。いっぽう保険市場においては，適正な水準の競争は行われるべきであるものの，過度の競

争は必ずしも望ましいものではないことは，第Ⅰ部において分析した。むしろ伝統的な保険分野での競争規制は，他の産業とは反対に，破壊的価格競争（destructive price competition）を避けるために競争を制限する方向に設計されてきたと言える[6]。競争制限のない保険市場においては，保険会社は契約獲得のために過度の価格競争を行う傾向にあり，その結果十分な支払能力を維持し得なくなることは，1980年代後半の米国の損害保険市場における支払不能多発の経験からも明らかである。保険市場において価格競争が本質的に激化しやすい要因としては，保険における価格循環の転倒性から，期待損失を含む保険商品の生産費用に関して，保険契約者のみならず保険会社自身も不完全情報しか持ち得ないこと，そして，競争圧力にさらされている保険会社が，十分な先見性をもって経済合理的に価格決定を行うとは限らないことなどが挙げられる。

(2)　銀行市場と規制

　銀行分野においては，財務・人事をはじめとするさまざまな要件を設けた厳しい免許規制により銀行の財務と経営の健全性を確保していることはもちろんであるが，それに加え，前述の自己資本比率規制や大口融資規制といったバランスシート規制や，検査・考査といった継続的な監視も重視されている。これらはすべて，銀行が財務困難に陥ることを回避する事前の健全性規制である。

　多くの市場においては，事後的な健全性規制のスキームとして，預金保険制度が整備されている。預金者が銀行の財務状況に関して十分で正確な情報を無費用または低費用で得られれば，それに基づくモニタリングも容易となり，このことを認識する銀行の経営者は，安全性を重視し財務健全性を維持するインセンティブを持つと期待できる。しかしながら，現実の市場においては，銀行の財務状況に関して預金者が情報劣位にあるのは言うまでもない。預金保険制度は，このような情報不均衡によってもたらされる銀行破綻のリスクに事後的に対処するセーフティネットとしての健全性規制の一つの形態である。しかし，保険分野における保険契約者保護制度が，保険会社の支払能力に関する情報不均衡自体に焦点をあてて，不利な立場にある保険契約者を保護することを主要

な目的としているのに対して，銀行分野における預金保険制度は，預金者の保護にとどまらず，むしろシステミックリスクの顕在化を回避し，金融システム，ひいては経済活動の維持を第一の目的としている。もちろん，過度に手厚い預金保険制度は，預金者が銀行の財務健全性を継続的にモニタリングするインセンティブを弱め，銀行のモラルハザードを引き起こすおそれがあり，このことは保険分野における保険契約者保護制度と同様であると言える。しかしながら，保険分野とは異なり，システミックリスクが顕在化し経済全体に深刻な影響を及ぼす可能性がある銀行分野においては，事後的な健全性規制としての預金保険制度の役割がより重要である。

　さらに，銀行は各市場に設置された中央銀行によっても監督を受けている。中央銀行は，準備預金制度，政策金利をとおした金利のコントロール，決済システムの保証をはじめとする通貨政策を実施している[7]。中央銀行は，これらの方策をとおして通貨価値の安定ひいては経済全体の安定を維持することを目指している点においては，システミックリスクを回避する事前の健全性規制を補完する機能を担っていると言える。

(3)　証券市場と規制

　証券規制は，一般に，免許，証券取引の標準化，不実表示などの不適切な行為に対する罰則などをとおして，潜在的な証券購入者への適切な情報提供を促すように，市場行動規制を軸として設計されている。これは，証券市場における取引当事者間の情報不均衡を縮小し，金融商品の安全性，収益性，流動性などに関して情報劣位にある証券購入者が適切な意思決定を行い得るようにすることを目指している。なかでも証券取引の標準化は，通常は取引当事者が組織化された取引所に登録することを求め，そこでの取引を統一された手続きに基づいて行うことをとおして，情報の不均衡の問題に対処するものである。

　さらに，証券分野においては，会計システムに関する規制も重要である。会計システムを統一・整備することをとおして，投資に関わる情報が標準化された形式で提示されれば，取引当事者間の情報不均衡は緩和され得る。しばしば

見られる企業の粉飾決算は，企業の経営実態に関して圧倒的に情報劣位にある投資家が，経営者のモニタリングを十分行えないことに起因して，引き起こされるモラルハザードの問題であると言える。その結果，証券市場の信頼が損なわれる事態を回避するため，多くの市場において公開株式会社に対して詳細な財務情報の報告を義務付けたり，監査主体の独立性を確保する措置がとられている[8]。これらは，いずれも重い費用を企業に負担させるものであるが，証券市場における情報不均衡を是正し，投資家の信頼を回復することを優先した市場行動規制であると言える。

5　金融市場の融合と国際化

これまで見てきたように，金融市場には，取引に関する情報の不完全性，特定の当事者の市場支配力，そして負の外部性をはじめとするさまざまな不完全性が存在し，金融市場における伝統的な監督規制は，これらの市場の不完全性を是正するために行われてきた。このような規制による公的介入は，健全性規制，市場行動規制，そして競争規制の領域で，個々の市場において設計され，実施されてきたが，保険，銀行および証券の各分野の市場特性の違いから，重大な問題を引き起こすおそれのある市場の不完全性も，またそれに対処するための監督規制の形態も大きく異なっていた。**図表5－2**は，保険，銀行，証券の各分野において重視される市場の不完全性と，それを補完するために主眼が置かれた規制領域を示したものである。すなわち，保険分野に関しては，第Ⅰ部でも分析したとおり，保険会社の支払能力および保険料に関する情報の不完全性により劣位な立場にある保険契約者を保護することを目的としたソルベンシー規制や保険契約者保護制度，保険料規制などの健全性規制，そして，保険料規制と販売規制を組み合わせた市場行動規制が主軸となっている。同時に保険料規制は，被保険エクスポージャのリスク実態に関して情報劣位にある保険会社がすすんで保険商品を販売し，保険の入手可能性と購入可能性を維持することも目指している。一方，銀行分野においては，銀行が財務困難に陥った結果，システミックリスクが顕在化することを重視し，バランスシート規制や預

（図表 5 - 2 ）　金融分野別の市場特性と規制領域

	保険	銀行	証券
重視される市場の不完全性	情報の不完全性・不均衡	負の外部性	情報の不完全性・不均衡
主眼がおかれる規制領域	健全性規制 市場行動規制	健全性規制	市場行動規制

金保険制度などの健全性規制を中心に形づくられてきた。そして，証券分野においては，金融商品の安全性などに関する情報不均衡を是正し，証券購入者が適切な意思決定を行い得るよう情報開示をはじめとする会計システムに焦点を当てた市場行動規制に力点を置いていると言える。

　しかしながら，伝統的な金融三分野は，アドバイザリー機能，商品，そして供給の各側面において融合が進むと同時に，企業の事業活動と投資家の投資活動が国際化するなか，金融機関の活動も国際化しつつある。このような金融市場の融合と国際化は，保険，銀行，証券のそれぞれの分野のその市場特性を変容させており，このため規制による公的介入のあり方も変化が求められつつある。次章では，このような伝統的な金融分野の融合の現状とその合理性を分析したうえで，それにより金融市場の特性がどのように変化しているのかを，分析する。

■注

1 ）　完全市場の要件については，第 1 章を参照されたい。
2 ）　市場支配力は，金融商品・サービスの販売者だけでなく，購入者が持つことで，市場の完全性が損なわれることもある。たとえば，規制による公的介入が不在であれば，大口の預金者や保険契約者が，金利や保険料の水準に影響を及ぼすことなどが挙げられる。
3 ）　規制の公共利益説については，第 1 章においても触れている。
4 ）　規制の虜は，規制の対象となる取引当事者が，自らに有利なように規制当局をコントロールすることである。
5 ）　反対に保険の購入可能性を重視すれば保険契約者にレントを与えることとなり，このことを知る既存の，または潜在的な保険契約者が，消費者団体などをとおして政策決定者と規制者に働きかける事態もあり得る。
6 ）　第 3 章で述べたとおり，わが国の戦後型保険規制は，このような保険料水準を巡る過当競争を

回避し，保険会社の財務健全性を維持することに主眼を置いていた。

7)　準備預金制度は，支払準備制度とも呼ばれる。

8)　たとえば，米国の Sarbanes-Oxley Act は，公開株式会社に対して詳細な財務報告義務を課すと同時に，監査委員会の独立性を確保するとともに監査法人に対する規制を厳格化し，さらに企業による不正行為に厳しいペナルティを課しているが，これは2000年代初頭に相次いで起こったEnron Corp. や World Com をはじめとする米国企業による粉飾決算事件を契機として整備されたものである。このような米国における市場行動規制強化の動きは，その後，他の市場へも少なからぬ影響を及ぼすこととなった。

第6章 保険市場と金融市場の融合

1 はじめに

近年の情報通信技術の発展と，それを基礎としたネットワークの整備に伴い，商品・サービスの国際取引の活発化や海外投資の増大など，企業の事業活動や投資家の投資活動の国際化が進んでいる。また，このような変化に並行して，わが国の保険市場は徐々に飽和の兆しを見せるとともに，一方で目覚ましい成長を遂げた新興市場の潜在性も認識されるようになっている。これに伴い，一部の保険会社による旺盛な海外進出や国際的な連携など，保険を含む金融商品・サービスの取引もグローバル化が進行している。このような変化のなかにあって，従来は多くの法域において分離されていた保険，銀行および証券といった伝統的な金融業態間を超えた融合も進みつつある[1]。その結果，生命保険と損害保険だけでなく，銀行や証券も含めた統合的な金融サービス事業を，国際的に展開する金融・保険グループが出現するようになり，とくに巨大なグループ企業は，金融コングロマリットと呼ばれるようになっている。

そこで本章では，金融市場の国際化と融合が，どのような形態をもって進行しているのかを整理したうえで，国際的金融・保険グループの誕生と成長にどのような経済合理性があるのかについて分析を行う。さらに，このような変化に伴い，前章で分析した保険，銀行および証券の各市場の特性が，どのように変化しているのかを考える。

2 金融市場の融合と国際化

前章で見てきたとおり，保険，銀行および証券の3つの金融分野の市場特性の違いから，規制による公的介入の形態も異なっていた。しかし現在，これらの金融分野は，さまざまな形で融合しつつある。たとえば，前述の金融・保険

（図表6−1） 金融市場の融合と国際化の領域

アドバイザリー機能の融合	保険・年金，貯蓄，投資など金融・リスクマネジメントに関する総合的なアドバイザリー・サービスの提供
金融商品の融合	保険・年金，貯蓄，投資などを統合した金融・リスクマネジメント商品の開発
	分野を超えた金融技術の応用による金融・リスクマネジメント商品の開発
金融商品供給の融合	総合的な金融商品・サービスの提供とそれに伴う複数の金融業務の統合

グループの誕生はもとより，保険分野と証券分野の融合によって生まれた代替的リスク移転（Alternative Risk Transfer）の登場や，銀行による保険商品や各種証券の販売など，多様な試みがなされるようになっている。このような動きを整理すれば，金融市場の融合は，**図表6−1**で示したように，大きくアドバイザリー機能，金融商品開発，そしてその供給といった3つの領域で進行していると言える。

(1) アドバイザリー機能の融合

金融市場の融合の形態のなかでも，アドバイザリー機能面での融合は，金融機関の組織的な統合を必ずしも要しないことから，最も早くから進展してきた。たとえば，保険ブローカーとも呼ばれる保険仲立人やリスクマネジメント・コンサルタント，ファイナンシャル・プランナーなどは，顧客に対してリスクマネジメント，投資，貯蓄など金融に関する総合的なアドバイザリー・サービスを，従来から提供している。すなわち，保険仲立人やファイナンシャル・プランナーなどは，保険・金融商品の販売に付随してアドバイザリー・サービスを顧客に提供している。また，リスクマネジメント・コンサルタントは，多くは企業や組織である顧客に対して総合的なリスクマネジメント・プログラムを提供している。わが国における各種の共済組合もその構成員に対して保険・年金，貯蓄，投資を目的とした各種金融商品を提供しているものが多く見られ，この際にも金融・リスクマネジメントに関する総合的なアドバイザリー・サービス

を提供している。

(2)　金融商品の融合

　金融商品の融合は，リスクマネジメント・貯蓄・投資のうちの複数の要素を一つの商品のなかに組み入れるかたちで，すでに古くから見られた。たとえば，わが国の火災保険などに見られる積立型の保険は，保険としてのリスク移転機能に貯蓄機能を付加した金融商品と言える。また，ユニット・リンク保険や変額年金保険は，保険・年金としてのリスクマネジメント機能と，有価証券としての投資機能を組み合わせたものである。

　このように複数の機能を組み合わせた金融商品とならんで，技術面での融合も，1970年代以降のオプション・プライシング理論をはじめとする金融技術の発展を経て進展している。金融商品の技術面での融合の一つとしては，いわゆる代替的リスク移転と呼ばれる一連の新たな金融商品の登場が挙げられる。これは，従来保険によって対処してきた財物損失リスクを中心とする純粋リスクを，資本市場に移転するものである。たとえば，代替的リスク移転の一つであるカタストロフィ・ボンドは，証券化の仕組みを応用して大規模自然災害による財物損失のリスクを，証券市場を通して複数の投資家に移転するものである。また，一定期間の平均気温や降雨日数などをインデックスとして，それらに基づきペイオフが支払われる天候デリバティブは，オプションの仕組みを利用して，天候不順に起因する損失や利益の減少分を償うものである。クレジット・デリバティブは，貸出債権保有に伴い銀行が直面する信用リスクを保険会社が引受けるものであるが，これは，従来は為替レートや株価の変動といった価格リスクを対象としたリスク移転である金融派生商品の仕組みを利用して，企業が債務不履行に陥る信用リスクに対処するために開発されたものである。

(3)　金融商品供給の融合

　金融市場のアドバイザリー機能面と商品面での融合が進むに従って，金融機関は，総合的な金融商品・サービスを提供するため，複数の金融分野の業務を

統合して行う必要に迫られることにもなる。このような金融商品の供給面での融合は，異なる分野の金融機関の事業提携といった組織的な統合にもつながった。金融市場の供給面での融合としては，従来から存在するユニバーサルバンク（universal bank）が挙げられる。この名称は，一般に商業銀行と投資銀行の機能を同時に有する金融機関に対して用いられるものであり，一つの金融機関が保険，銀行および証券の機能を併せ持つことを意味している。実際にユニバーサルバンクのなかには，子会社を通じて保険商品を販売するものもみられる。また，1990年代に急速に成長したフランスにおけるバンカシュランス（bancassurance）やドイツのアルフィナンツ（Allfinanz）といった組織は，銀行と保険会社が販売協定や保険代理店契約を結ぶことなどにより，銀行が保険商品を，または保険会社が貯蓄商品を販売するというものである[2]。このような金融商品の生産・販売面での融合は，古くは1990年代に，複数の分野の金融機関が互いに親会社・子会社となるものや，金融サービス持株会社が，保険，銀行および証券の諸活動を行う子会社を所有する形態をとるものなどが登場するようになり，その後次第に大規模な組織構造を持つものが現れるようになった。金融コングロマリットとして知られるこれらの組織には，たとえば，イギリスにおける Lloyds Banking Group のように，銀行が各分野の子会社を所有することをとおして，証券および保険などの事業を行うものや，フランスを本拠とする AXA グループのように持株会社が保険，銀行および証券の各業務を行う子会社を所有するものなどが知られている。国際的金融・保険グループに対する規制・監督のあり方の検討にあたっては，金融市場におけるアドバイザリー機能面，商品面での融合に加え，このような供給面での融合がとくに重要となる。

3　金融市場融合の合理性

　金融・保険分野の融合が，アドバイザリー機能，金融商品開発，そしてその供給の領域において進展し，その結果国際的な金融・保険グループも成長していることに，企業価値向上を含む合理性があるのだろうか。このことに関して

（図表6-2）　金融市場の融合による利益と費用

	利益	費用
規模の拡大	金融機関の組織的合併・統合による商品開発，販売および資産投資などにおける規模の経済性の享受	コーディネーションと意思決定のための追加的なエージェンシー費用
範囲の拡大	分野間でのマネジメント能力・技術知識・販売チャネル・顧客基盤などの経営資源の共有・利用とクロス・マーケティング	特化による技術知識の蓄積機会の喪失，顧客のニーズとの不一致の可能性

は，コングロマリット化が価値向上につながるという主張や，反対に競争優位な分野に特化すべきだとするものなど，これまで肯定，否定の両面から多くの研究がなされてきた[3]。これらの先行する議論を踏まえて再整理を試みれば，**図表6-2**のとおり規模の経済性と範囲の経済性の二つの側面から，金融・保険グループ化の合理性を検討することができる。

(1)　規模の経済性

　金融市場の融合は，金融機関の組織的合併・統合をとおしたグループ化によっても行われるが，その動機の一つとして挙げられるのが，規模の経済性の向上である。グループ化によって，商品開発，販売および資産投資などにおいて規模の利益を生み出すことが期待されるだけでなく，より多くの資源が利用可能となることで市場の変化への柔軟性も高まると期待され，たとえば，利益の見込めない事業からの撤退や，他者への売却も容易になると考えられる。

　グループ化は，規模の経済性により，以上のような費用効率性の向上に貢献し得ると同時に，非効率ももたらし得る。その一つは，コーディネーションと意思決定にかかる費用が過大となることにより引き起こされる。組織が巨大化し，事業ラインが増えれば，グループ全体にわたって単一の権限により意思決定を行うことが難しくなり，その結果，意思決定をより下位に委譲することとなる。しかし，分権化された意思決定構造のもとでは，組織の構成者に適切なインセンティブを与えることが極めて困難である。適切なコーディネーション

のために追加的な管理者を置くと，さらにエージェンシー問題を深刻化させるおそれがある。また，金融・保険グループが巨大化すると，前章で述べた市場支配力を濫用し，価格操作や競争制限を行い，金融市場の効率性を著しく損なうこともあり得る[4]。

(2) 範囲の経済性

金融・保険グループは，一つの事業体として複数の金融商品・サービスを提供することができるため，いわゆる範囲の経済性による効率性向上につながり得る。生産活動を複数のラインで共同して行うことは，個々の事業体が個別に生産活動を行うより効率的である。また，マネジメント能力，商品開発技術，販売チャネルおよび顧客基盤を共有して利用することにより，費用効率性を向上させることができる。さらに前節で述べたアドバイザリー機能面，金融商品開発面での融合が進めば，顧客に対して包括的な金融商品・サービスを提供するといういわゆるクロス・マーケティングの利点は一層高まる。

範囲の経済性は，金融商品・サービスの供給者としての金融機関だけでなく，その需要者としての顧客に対しても利益をもたらすものである。すなわち，顧客が，保険・貯蓄・投資商品など必要とする金融商品を別々の金融機関において入手するよりも，一つの金融・保険グループから入手するという，いわゆるワン・ストップ・ショッピングが可能となれば，金融商品の価格や質に関する探索費用などの負担を軽減することができる。

一方で，特化と分業の利点も少なくない。たとえば，企業が基幹事業に特化することにより，技術知識の蓄積が促進され，競争者が模倣困難なコア・コンピテンスを獲得することも可能である。また，需要面に注目すれば，すべての顧客が，あらゆる金融商品・サービスを一つの金融機関から購入することを望んでいるとは限らず，とくに多くが小口の取引を行う個人は，巨大な金融コングロマリットを敬遠し，むしろ簡素で標準化された金融商品・サービスを，ローカルな市場において保険会社，銀行および証券会社からそれぞれ入手することを望むかもしれない[5]。また，顧客ごとにカスタマイズされた商品・サー

ビスを望む個人や企業・組織は，国際的な金融・保険グループよりも，従来か
らの銀行や保険会社のほうが，国内市場を重視し，潜在的顧客のニーズを熟知
していると期待し，これらの金融機関との取引を好むとも考えられる。さらに，
保険業と銀行業といった異なる事業を行う複数の組織のグループ化は，グルー
プ内の組織文化相反を招くおそれもあり，それを緩和するためのコーディネー
ションに追加的な費用がかかるかもしれない[6]。

4　金融市場の融合と市場特性の変化

　以上のように，金融市場の融合と国際化には，供給者側，需要者側の双方に
とって利点も見られたと同時に，不利益をもたらすおそれもあった。さらに，
このような潮流は，金融市場に不完全性をもたらしてきた諸要因にも変化を生
じさせているのではないだろうか。以下では，今後の金融市場における規制の
枠組みを考える前提として，金融市場における情報の不完全性，市場支配力お
よび外部性などの問題が，金融市場の融合と国際化により，どのように変化し
ているのかを分析する。

(1)　金融機関の経営実態に関する情報の不完全性

　従来の金融市場においては，主に金融機関の財務健全性に関する情報および
金融商品・サービスの価格と質に関する情報に関して不完全性・不均衡が存在
し，それによる取引費用の増加などを防ぐために，各分野において健全性規制
や市場行動規制が実施されてきた[7]。しかし，金融市場の融合・国際化に伴い
国際的金融・保険グループが登場している実態を見れば，従来から存在するこ
れらの情報問題に加え，金融機関の経営実態に関する情報の不完全性が拡大し
ているのではないだろうか。国際的に組織された金融・保険グループの場合，
それが事業を行う複数の法域の間で税制や法律・規制体系はもとより，経済
的・社会的背景，文化的・歴史的経緯なども異なることから，規制者にとって，
その経営・組織実態が不透明になりやすい。また，グループ自身が公的介入を
避けるために，あえて特定の情報を開示しない事態も起こり得る。このような

不透明性の問題は，規制者のみならず，顧客，株主，債権者を含むあらゆるステークホルダーにとってもグループの経営実態のモニタリングを困難にし，その結果，市場規律が機能しにくくなると考えられる。

　金融・保険グループの経営実態に関する不透明性は，たとえば保険事業を行うユニットと銀行業を営むユニットなどグループを構成する個々のユニットが，それぞれ別々の規制者によって監督される場合に，一層深刻化するおそれがある。さらに，法域外に本拠を置くユニットや持株会社，キャプティブといったリスク移転ユニットなどは，グループが本拠を置く法域のいずれの規制監督の対象にもならない場合もある。その結果，より有利な規制条件下にあるユニットに特定の事業やリスクを移転するなどの，いわゆる規制裁定（regulatory arbitrage）が引き起こされることにもなる。

(2)　金融機関のリスク実態に関する情報の不完全性

　金融・保険グループの経営実態の不透明性の拡大は，同時にグループ内のリスク実態に関する情報の不完全性の問題も引き起こす。たとえば，グループを構成する個々のユニットが互いに直接または間接の請求権を持ち合っている場合には，規制者とその他のステークホルダーが，グループ全体がさらされている信用リスクを把握することが極めて困難となる。実際に，グループ内のユニット間で信用供与，株式の相互保有，証券取引，保険およびリスクマネジメント・サービスの提供，そして保証委託などが行われれば，グループのリスク実態について，外部のステークホルダーはもちろん，グループの経営者自身も把握することが容易ではないだろう。

　グループ内のリスク実態が不透明であった場合に，リスクが過度に集積されることにもなり，それらの一つに甚大な損失が生じれば，その影響がグループ全体に伝播するおそれがある。このようないわゆる負の影響の伝播（contagion）の問題は，前述のグループ内の規制対象とならない法域外のキャプティブなどのユニットにリスクが移転されていたような場合に，一層重大となるおそれがあり，その結果，グループ全体を弱体化するのみならず，市場全体に負

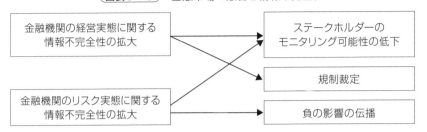

図表6-3　金融市場の融合と情報不完全性

金融機関の経営実態に関する情報不完全性の拡大	ステークホルダーのモニタリング可能性の低下
	規制裁定
金融機関のリスク実態に関する情報不完全性の拡大	負の影響の伝播

の影響が及ぶ事態を招きかねない[8]。以上のような金融機関の経営実態とリスク実態に関する情報の不完全性の拡大とその影響を図示すれば，**図表6-3**のとおりとなる。

⑶　エージェンシー問題

　金融・保険グループが複数の事業を行い組織が大規模化すれば，さまざまな利害相反がグループ内部で，またそれを取り巻くステークホルダーとの間で生じるおそれがある。たとえば，グループ内の各ユニットが別のユニットの金融商品を取り扱うことが可能であれば，顧客や株主の利益よりも，契約高を引き上げることを優先し，不必要に高額の金融商品を販売するインセンティブを持つおそれがある。また，企業に対して資金の貸付と保険商品の提供を同時に行うことで，企業の証券発行を促し，その証券をグループ内の証券ユニットが保有するなど，顧客の信用リスクの不適切な移転が行われるおそれもある。同様の事態は，保険商品を提供することでローンの利用を促すといった，個人顧客に関しても起こり得ることであろう。さらに，保険契約引受けのための保険契約者の私的情報を，許諾を得ることなく銀行など他のユニットが照会し，ローンなどの提供に関する意思決定に利用するおそれがあることもしばしば指摘される。

　しかしながら，金融・保険グループは，ステークホルダーの信頼を得ることで有利な取引条件を享受するインセンティブを持つため，エージェンシー問題に自発的に対処することが期待される。実際に，保険と銀行の各商品の抱合せ

販売（tie-in sales）は，頻繁に行われることはなく，そのことを認識する規制者は，多くの市場においてエージェンシー問題を重要視していないように見える。

(4)　市場支配力

　保険，銀行および証券の各金融分野においては，多くの市場で厳格な免許制度が設けられるとともに，財務健全性を確保するための健全性規制が実施されていることは，すでに述べたとおりである。その結果，金融市場は，比較的小規模の商品・サービス提供者が数多く存在するという完全競争モデルに基づく市場とは大きく異なるものとなっている。このため特定の金融機関が，市場支配力を持つこととなり，それを濫用し，金融商品の価格や供給量の操作など競争制限的な行動をとるといった事態を招きかねない。このような市場支配力の問題を回避するために，各市場においてさまざまな競争規制が実施されてきた。しかし国際的に事業を行う金融・保険グループは，規模の経済性により商品開発および販売において他の競争者より有利である場合が多く，そのために小規模の競争者を特定の市場セグメントから駆逐したり，新規参入を阻止したりすることが起きるかもしれない。

　各市場において参入障壁が過度に高くないこと，そして競争規制が適切に設計され実施されていることを前提とすれば，大規模な金融・保険グループが市場の競争を不当に歪めるような行動をとる可能性は低いと言える。しかしながら，前述の金融・保険グループの経営・組織実態の透明性が意図的に損なわれ，グループ内での内部補助や情報・技術移転が外部に明らかにされないまま行われれば，金融商品の開発と価格付けについて圧倒的な市場支配力を持つことにもなりかねない。このように金融市場の融合と国際化に伴って，金融機関の経営実態に関して不透明性が拡大すれば，各市場において適切な競争規制を実施することが困難となり，その結果，市場支配力の問題が深刻化するおそれがあるのではないだろうか。

(5)　負の外部性とリスクテイキングな経営行動

　前節では，金融商品・サービスの供給者である金融機関と，その需要者である顧客としての企業や個人の視点から，金融市場の融合と国際化が，規模の経済性と範囲の経済性により，利益と同時に不利益ももたらし得ることを分析したが，市場あるいは経済全体から見れば，どのような影響があるだろうか。このことに関しては，負の外部性への影響に注目し，好意的な分析がしばしばなされてきた。すなわち，金融機関が複数の事業を多角的に行うことで，リスク分散が行われ，金融システムの安定化，ひいてはシステミックリスクの縮小につながるというものである[9]。

　しかし，金融市場の統合がさらに進むと，極めて大規模な国際的金融・保険グループが形成されることも予想される。仮に，リスク分散効果によりシステミックリスクは縮小するとしても，このような巨大な金融・保険グループがいったん財務困難に陥れば，国際経済に及ぼす影響も甚大となる。その結果，規制者は，いわゆる TBTF（too-big-to-fail）の視点に立った政策決定を行わざるを得ないかもしれない。規制者が TBTF ポジションに立った場合，保険契約者，預金者および証券保有者などの顧客，そして株主や債権者など他のステークホルダーも，金融・保険グループの経営実態や財務健全性をモニタリングするインセンティブを低下させ，その結果，グループの経営者は，リスクテイキングな行動をとりやすくなると考えられる。すなわち，金融・保険グルー

（図表6−4）　金融市場の融合に起因する問題

プが過度に巨大化すれば，リスク分散によるシステミックリスクの縮小効果を，グループ経営者のモラルハザードが相殺する事態も起こり得ると言える[10]。

　以上のような金融市場の融合に起因するエージェンシー問題，市場支配力，そして負の外部性と，それらによる影響を図示すれば，**図表6－4**のとおりとなる。

5　金融市場の融合と新たな金融規制の必要性

　これまで見てきたように，保険，銀行および証券の伝統的な金融業態の融合は，アドバイザリー機能，商品開発，そしてその供給の各領域において進展すると同時に，金融機関の活動と組織も国際化しつつあった。このような変化は，金融市場における情報の不完全性，市場支配力および負の外部性の問題を変化させていた。とくに国際的に組織された金融・保険グループの場合には，その経営実態，リスク実態などの情報を，規制者はもちろん，他のステークホルダーが得ることを困難にしている。また，金融・保険グループの市場支配力の問題についても，規制対象外の分野の，あるいは法域外のユニットから内部補助が行われたり，フリーキャッシュフローが投入されたりすることにより，市場の競争が歪められることも起こり得る。負の外部性の問題に関しては，金融・保険グループが巨大化すれば，規制監督者がいわゆる TBTF の姿勢をとり，その結果グループの経営者がリスクテイキングな行動をとりやすくなると考えられる。

　従来の金融規制は，保険に関しては保険料規制と販売規制が主軸をなし，また銀行に関してはバランスシート規制などの健全性規制が重視され，さらに証券については情報開示をはじめとした市場行動規制が大きな役割を担ってきた。しかし，金融市場の融合と国際化がもたらした変化は，金融業態別に整備されてきた規制体系に，分野を超えた調整の必要性を迫っている。また同時に，法域間での国際的な規制体制の構築も要請されるようになっている。このことを踏まえて次章では，国際的金融・保険グループに対する監督規制のあり方につ

いて検討を試みる。

■注

1) このような動きは，早く1990年代初頭にはすでに始まっていた。たとえば，保険事業と銀行業を統合した ING グループの出現，生命・損害保険だけではなく統合的な金融サービス事業を国際的に展開する AIG の成長，金融・保険グループとして新興国も含めて事業展開を行う AXA グループの成長，さらに保険，銀行および証券の三分野を統合して事業を行うシティ・グループの誕生などが挙げられる。

2) 保険会社が従来の保険販売チャネルをとおして銀行商品を販売するケースに特定して，"assurfinance"という名称が用いられることもある。

3) たとえば参考文献に挙げた Berger et al. (2000)，Calomiris（2000），Carow（2001），Cybo-Ottone and Murgia（2000）など多くの先行研究がこの課題に取り組んでいる。

4) 前掲注3に挙げた先行研究においても，金融機関の規模の経済性に関する分析から，多様な結果が得られている。たとえば，小規模の保険会社の多くが規模の拡大に応じて収益性が向上する一方で，複数の事業を行う大規模保険会社のさらなる拡大は反対に費用負担を重くしていることを明らかにしたものや，コングロマリット化と特化のいずれが有利なのかについて，保険会社の販売戦略の特性によって異なる傾向を見出しているものがある。また，各市場の特性によっても大きな傾向の違いが見られる。

5) たとえば，銀行分野において ING グループの銀行ユニットが，顧客に対する総合的な金融商品・サービスの提供ではなく，単に貯蓄のみのシンプルなサービスの提供に特化することにより成功したことなどが挙げられる。

6) このことは，米国におけるバンカシュランスであった Citicorp と Travelers Group の合併の事例からも明らかである。これらは，1998年に合併したものの，銀行の顧客に保険商品を販売することが容易ではなかったことなどから，2001年には損害保険ユニットが分離され，2005年には生命保険・年金部門の大部分が売却された。

7) 金融機関の財務健全性に関する情報および金融商品・サービスの価格と質に関する情報不完全性・不均衡に加え，保険市場においては被保険エクスポージャのリスク実態に関しても情報の不完全性があることは，第1章において述べたとおりである。

8) たとえば，租税回避地にキャプティブを設立した場合には，外部のステークホルダーにとって，グループ内のリスク実態をモニタリングすることが困難となり，その結果，グループのリスクテイキングな経営行動を招きかねない。

9) ただし，Barth et al. (2001) をはじめとするこれまでの研究では，金融市場の融合がリスク分散効果によって経済を安定させ，システミックリスクを縮小しているか否かについて，十分に有意な関係性が見出されているわけではない。

10) このことは，すでに十分な規模を持つ金融機関が統合することによりさらに巨大化しても，必ずしも収益性・効率性が向上しないことを計量的に分析した Cummins et al. (1999) や Swiss Re (2006) などの先行研究の結果とも整合的である。

第7章 保険・金融規制の国際的協調のあり方

1 はじめに

　金融市場の融合が，アドバイザリー機能，金融商品および供給機能の各側面において進行し，それが国際的金融・保険グループの成長につながったこと，そして，このような変化に伴い，保険，銀行，証券の各市場の特徴も変化していることは，前章において検討したとおりである。このような金融市場の融合と国際化は，個々の法域の規制者が金融市場の実態とそこにおける当事者の行動をモニタリングすることを難しくしているおそれがある。実際にも，特定の地域における金融危機や，金融機関の破綻が，世界中に波及し各国に不況をもたらすような事態も引き起こされるようになっている[1]。このような経験を経て，金融分野における不適切な規制が，その法域だけでなく，世界経済にも重大な影響を及ぼすことが認識され，その結果，金融規制・監督の国際的な協調の必要性が叫ばれるようになり，新たな金融規制体制の構築への要請が高まってきた。本章では，現在までに保険，銀行および証券の各金融分野において，どのような国際的協調の取組みがなされてきたのかを見たうえで，そのなかでもとくに保険分野を軸として，国際市場における保険規制のあり方と，各金融分野との調整のあり方を検討する。

2 金融規制の国際協調の取組み

　金融規制の国際的な協調は，まず保険，銀行，証券の分野ごとに早くから始まった。以下では，これらの3分野において，どのような組織が主体となり，どのような協調の取組みを行ってきたのかを概観する。

(1) 保険規制

　保険分野の規制体系を，他の金融分野と対比して見れば，ソルベンシー規制や保険契約者保護制度，保険料規制などの健全性規制，保険料・商品規制や販売規制などの市場行動規制が，主軸となっていることは，第Ⅰ部および第5章で述べたとおりである。これにより，保険会社の支払能力および保険商品の保険料と保障・補償に関する情報に関して劣位な立場にある保険契約者のモニタリング費用や探索費用を軽減させると同時に，被保険エクスポージャのリスク水準に関して情報劣位にある保険会社がすすんで保険商品を供給し，その入手可能性を向上させてきた。このような保険規制は，個々の法域間で共通している部分も多い一方で，その詳細な体系は，経済成長段階や，社会情勢，歴史的・文化的背景により異なっている。しかし，前述のとおり保険会社の国際的事業展開や，法域をまたいだグループ化により，国際的な協調への取組みも行われるようになっている。

　保険規制の国際協調のなかでも，各市場における保険規制・監督者をメンバーとして1994年に発足したInternational Association of Insurance Supervisors（以下，IAISという）の役割はとくに重要である[2]。IAISの活動は，保険規制者間の国際的な協調と情報交換の促進，開発途上国への保険に関する技術支援活動，他の金融分野の規制者とのコーディネーションなど多岐にわたり，その成果は，原則（principles），基準（standards）および指針（guidance papers）として公開されている。保険基本原則（Insurance Core Principles）は，保険に関する原則，基準および指針を体系化し，基本原則に整理したものであり，監督者の目的，権限および責任ならびに要件，保険事業者の免許，マネジメント層の適格性，ガバナンス，リスク管理，資本要件，保険仲介者の要件，ディスクロージャーなど各市場において適切な保険規制が行われるための基本事項が定められている。また，IAISは，それに則り策定してきた国際的金融・保険グループに対する監督のための共通の枠組みであるCommon Framework for the Supervision of Internationally Active Insurance Groups（以下，ComFrameという）を，保険基本原則に統合している[3]。これらに含まれる事項を規制領

域から整理すれば，健全性規制に関しては，規制対象事業者の免許交付・マネ
ジメント層の人的適格性，ガバナンス，内部統制など保険会社のマネジメント
関する事項や，負債，投資，デリバティブ契約やソルベンシーなどの事項が挙
げられ，また，市場行動規制に関わるものとしては，保険仲介者，消費者保護
や情報開示などが挙げられる。保険基本原則が，規制監督の国際的な調和を目
指すものである一方で，各市場の経済発展段階や，歴史的・文化的背景の違い
にも配慮していることが読み取れ，このことからは，各市場の規制体系を国際
基準に調和させていくとしても，市場ごとに独自の国内規制も否定されるもの
ではないと言える。

(2)　銀行規制

　銀行分野において健全性規制が重視されてきたのは，銀行が財務困難に陥っ
た結果システミックリスクが顕在化することを回避するためであったが，この
ことを踏まえたうえで，銀行分野の規制に関する国際的な取組みを見れば，主
要国の中央銀行と金融規制者によって構成される Basel Committee on Bank-
ing Supervision（以下，BCBS という）が重要な役割を担っている。国際決済
銀行に事務局を置く BCBS は，継続的に各市場の金融監督者に対して監督基準，
ガイドラインおよび勧告（recommends statements）を提示している。BCBS
は，国際的な金融規制について直接の権限を持つものではないものの，銀行の
財務健全性を維持し，システミックリスクを回避することに主眼を置き，その
ために各市場において適切な銀行規制が行われること，同時に，各法域外での
銀行設立などによる規制回避を防止することを，重要な課題としてきた。その
取組みのなかで，新たな規制の枠組みとして Basel III が2010年以降順次合意
され，2017年に最終的な合意が成立したが，これに含まれる一連の Capital
Adequacy Framework では，最低資本要件，自己資本比率規制，市場規律が
機能し得るディスクロージャー規制などの枠組みが示されている[4]。国際的な
金融取引が盛んに行われる現状において，システミックリスクは各市場内にと
どまる問題ではないことは，これまでの経験から明らかであり，BCBS による

負の外部性を重視した銀行分野の健全性規制の国際的な調和の取組みは今後一層重要となると考えられる。

(3)　証券規制

　証券分野における規制は，情報開示をはじめとする市場行動規制に力点が置かれてきた。これは金融商品の安全性などに関する情報不均衡を是正し，不利な立場にある証券購入者が適切な意思決定を行い得るようにするものであったが，証券取引のグローバル化に伴い，公開株式会社に対するガバナンス，財務報告および監査委員会の役割と独立性などに関する諸規制について，国際的な調整が求められるようになっている。

　International Organization of Securities Commissions（以下，IOSCO という）は，各市場の証券規制監督当局の活動を調整する役割を担っており，これまでも1998年にはいわゆる IOSCO 原則として知られる「証券規制の目的と原則」（Objectives and Principles of Securities Regulation）を提示し，その後順次改定を行っている。また，2003年には IOSCO 原則の実施後の客観的な評価を行うため「IOSCO 評価メソドロジー」を採択し，その後「IOSCO 証券規制の目的と原則 実施の評価に関するメソドロジー」として，同様に改定を重ねている。これらの規制原則を提示することをとおして，IOSCO は，多国間の情報公開，国際会計，販売・流通などに関する調整を行っているが，これらの取組みは市場行動規制の共通化に対する市場の要請に応えたものである。

3　保険規制の国際的協調のあり方

　前節で見てきた保険分野と，銀行・証券分野の規制の枠組みの国際的協調の取組みを踏まえたうえで，以下では，保険分野に焦点を当て，健全性規制，市場行動規制，そして競争規制の各領域において，国際協調がいかに行われるべきかを検討する。

(1)　健全性規制

　保険会社の支払能力に関する情報の不完全性・不均衡を緩和することを目的とする健全性規制として，IAIS の保険基本原則には，負債，投資，デリバティブ契約やソルベンシーなどに関する事項が含まれていた。保険会社の事業活動や組織構成が国際化するなか，その経営実態やリスク実態の不透明性が拡大した結果，保険契約者，投資家をはじめとするステークホルダーにとって，その支払能力の評価が困難となり得ることに鑑みれば，健全性規制を構成する財務規制，ソルベンシー規制には，一定の国際的協調が必要ではないだろうか。また，デリバティブ契約や再保険取引などのリスク移転取引が国際的に行われ，保険会社の海外での事業展開も盛んに行われている現状からも，資金調達やリスク移転に関する健全性規制にも，一定の国際的な共通化，そして各法域の規制者間で統合された監督システム，または迅速な情報交換が可能な協調体制の構築が求められるのではないだろうか。さらに，ステークホルダーのモニタリングを強化し，市場規律を機能させるためにも会計基準，破綻処理規制にも一定の国際的共通化が不可欠であろう[5]。

　また，健全性規制のなかでも，保険契約者保護制度を主軸としたセーフティネットが，各法域により異なれば，多国間で事業を行う金融・保険グループなどが，有利な法域にリスクを移転することも考えられる。このような規制裁定を回避するために，各市場間で，セーフティネットに関して賦課金・拠出金の体系，事前または事後拠出の別などの財源確保の方法，またその保護水準などを共通化することも必要かもしれない。

(2)　市場行動規制

　保険商品の保険料と保障・補償に関する情報と被保険エクスポージャのリスク実態に関する情報の不均衡は，保険によりリスク移転取引が各法域内で行われる限りにおいて，保険市場の国際化から大きく影響を受けるものではない。このため，これらの情報不均衡を緩和することを目的とした保険料規制および販売規制などの市場行動規制は，個々の法域の経済成長段階や，社会情勢，歴

史的・文化的背景などを反映して，個別に設計され実施されるべきである[6]。反対に，各法域の個別性を十分考慮しない統一的な規制緩和や規制強化を伴う極端な国際的共通化は，かえって保険料などに関する情報不均衡を拡大し，保険契約当事者に追加的な費用負担を課すことにもなりかねない。このため，各法域内での保険契約取引に対する保険料規制や販売規制などの市場行動規制は，個別に設計され実施すべきであり，国際協調は必ずしも求められないのではないか。

　しかし仮に，保険取引が法域を超えて国際的に行われることとなれば，保険商品の保険料と保障・補償と被保険エクスポージャのリスク実態に関する情報の不完全性・不均衡は拡大しかねない。たとえば，多国間で活動する企業に対してリスク移転の手段としての保険商品を提供する場合，各市場で異なる規制に従って取引を行うには，保険会社にとってリスク判定・評価などの費用が過大となるおそれがある。また，保険契約者である企業にとっても，自らのリスクを熟知したうえで，リスクを引受ける保険会社を見出し，自らのリスクに適合する保険商品設計を行うなどの費用を負担することとなる。このため，少なくとも一部の企業分野の保険契約取引などに関しては，保険のリスク移転機能を確保するために，市場行動規制の国際的協調も将来的に必要になるかもしれない。

(3)　競争規制

　個々の市場の参入障壁が過度に高くなく，かつ適切な競争状態が保たれていれば，保険市場が破壊的競争状態に陥ったり，特定の保険会社が圧倒的な市場支配力を持ったりすることはないと考えられる。また，保険会社の損失予測のための保険数理技術の水準や，個人の保険商品に対する周知の程度や保険商品購入行動の成熟度は，個々の市場によって大きく異なることから，市場における競争促進に主眼を置くか，あるいはそれに制限を設けるかは，各市場の状況に合わせて設計される必要がある。このため，免許規制，市場参入規制，保険料率・商品規制などの競争規制は，各市場の発展段階，成熟度などに適合して

図表7－1　保険規制の国際的協調

健全性規制	財務規制・ソルベンシー・資金調達・投資・セーフティネットに関する規制の国際的協調	⇒	規制者・ステークホルダーのモニタリングの強化，規制裁定の防止
市場行動規制	複数法域間での企業分野の保険契約取引に限定した保険料・販売規制の国際的協調	⇒	保険会社・保険契約者の費用負担の軽減
競争規制	国際的に事業を展開する金融・保険グループに対象を限定した競争規制の国際的協調	⇒	規制者・ステークホルダーのモニタリングの強化

個別に設計されるべきであり，必ずしも共通化は求められないと考えられる。ただし，次節で述べるように，国際的に事業を展開する金融・保険グループの場合は，その経営実態とリスク実態の透明性が損なわれかねず，個々の法域の規制者で対処することが困難となることも考えられる。このため，国際的金融・保険グループに対しては，規制者とその他のステークホルダーによるモニタリング強化のために，法域を超えた規制者間での情報交換体制の構築などの対策を将来的にはとる必要がある。**図表7－1**は，以上のような保険分野の規制の国際的協調のあり方をまとめたものである。

4　国際的金融・保険グループに対する規制

　保険を含む各金融分野において，国際的な協調による規制体制の構築に向けた取組みと同時に，保険，銀行および証券の複数の機能を持つ金融・保険グループの登場により，これまで業態別に整備されてきた規制体系についても，協調の必要性が認識されるようになっている[7]。また，実際にも，保険，銀行および証券をすべて統括する規制主体が，わが国を含む多くの法域に置かれるようになっている。しかしながら，金融各分野の規制の主要目的の相違から，統括規制者が，各分野の規制者を上回る権限を有しているわけではなく，あく

までも分野間の調整機能を果たしているに過ぎない[8]。また，金融・保険グループに対する統一的な規制体制の枠組みに関しても，国際的なコンセンサスが形成されているとは言えない。このような現状認識に立って，以下では，前節で検討した国際的金融・保険グループの登場による金融市場の変化を踏まえて，どのような規制体制が整備される必要があるのかについて検討を試みる。

(1)　情報の不完全性と健全性規制

　規制者にとって，国際的金融・保険グループの経営，所有形態，各市場の法制の実態に関して十分で正確な情報が得られなければ，グループが全体として直面しているリスクを正確に計測することは困難である。また，規制対象外のユニットからグループにもたらされるリスクを把握することも容易ではない。このため，規制主体は，グループに対して，また，他業態および他の法域の規制主体に必要な情報の提供を要求する権限を持つ必要があり，実際にも，金融分野間，法域間で共通のルールに基づく情報開示を重要視したリスクベースの健全性規制モデルが，国際的に採用されつつある。金融機関の財務状況，リスク実態および経営実態に関するより広い情報を，保険契約者や預金者を含む消費者，そして投資家といったステークホルダーに対して公開し，モニタリングを促進することを通じて，情報の不完全性を補完しようとしている[9]。このような規制モデルにおいては，証券規制監督主体，会計監査主体，そして金融機関の格付機関が重要な役割を担うこととなる。

　また，規制者は，金融・保険グループがさらされるリスク実態を把握するために，グループ内の個々のリスクエクスポージャを特定することも求められる。そのためには，金融分野全体で統合された規制監督システムが整備されているか，各分野間での協調体制が構築されていることが必要である。各分野の規制者には，規制対象となるユニット間でのリスク移転実態と，集積されたリスクが顕在化した際のグループ全体への影響の度合いを把握し，グループ内のユニットが許容範囲を超えたリスクを別のユニットに負わせているような場合には，そのユニットの資本を増加させるか，事業活動を制限させるなどの措置を

行う権限が与えられるべきであろう。このように金融・保険グループ内で，負の影響が伝播しないよう，グループ内のユニット間の取引を継続的にモニタリングすることが求められる。

(2)　エージェンシー問題と市場行動規制

　金融・保険グループが市場の信頼を維持するために，エージェンシー問題にすすんで対処すると期待できることは前章において述べたとおりである。また，販売規制や情報開示をはじめとする市場行動規制の体系は，取り扱う金融商品・サービスの違いから，また，各法域の経済的・社会的条件の違いから，各金融分野，各法域で異ならざるを得ない。このため，市場行動規制に関してはそれぞれの分野，法域において適切に設計され，実施されている限りは，統合的な枠組みの構築は必ずしも求められないかもしれない。しかしながら，前章で分析したように，金融・保険グループが，複数の金融商品・サービスの抱き合わせ販売を行うことにより，顧客の信用リスクを高めることのないように，グループを構成する各ユニットの販売行動をモニタリングすることに関しては，各金融分野間での調整が必要であろう[10]。

(3)　市場支配力と競争規制

　各市場において参入障壁が不適切に高くなく，かつ競争規制が適切に実施されていれば，金融・保険グループが過大な市場支配力を持ち，競争制限的な行動をとる事態にはなりにくいことは前述のとおりである。しかしながら，規制対象外の分野の，あるいは法域外のユニットから内部補助が行われたり，フリーキャッシュフローが投入されたりすると，市場の競争を歪めることにもつながる。金融・保険グループの経営実態の不透明性が増せば，意図的にこれらのことが行われる可能性があるため，各分野・市場の競争規制の整備だけではなく，規制者間の協力と情報交換が重要である。

(4)　負の外部性とセーフティネット

　国際的金融・保険グループが異なる金融事業を行うことによりリスク分散を達成することが期待されるものの，前章で述べたとおり，グループの巨大化は，規制者が TBTF ポジションをとることにもつながる。このため，健全性規制のなかでも，とくに国際的金融・保険グループに対するセーフティネットをどのように設計すべきかが重要となる。これまで見てきたように保険分野においては保険契約者保護制度が，銀行分野においては預金保険制度が多くの法域で整備されてきたものの，両者の力点は異なっている。すなわち，保険契約者保護制度が保険会社の財務健全性に関して情報劣位にある保険契約者を保護することを重視してきたのに対して，預金保険制度は負の外部性によりシステミックリスクが顕在化することを防ぐことに主眼を置いてきた。金融機関の破綻が市場全体へ及ぼす影響の大きさに鑑みれば，銀行分野のセーフティネットの市場における役割は大きいと言える。一方で第5章において分析したとおり，過度に手厚いセーフティネットは，保険契約者，預金者をはじめとする消費者がグループの財務健全性をモニタリングするインセンティブを低下させ，その結果，グループの経営者がリスクテイキングな行動をとることにもつながる。このことを考慮すれば，保険分野においては，保険会社のモラルハザードの問題が深刻とならない範囲で保険契約者保護制度が設けられることが求められる。銀行分野においては，システミックリスクの回避を目的とする預金保険制度が，より手厚い保護を提供することが必要かもしれない[11]。同時に，金融・保険グループのモラルハザードを防止するため，預金保険制度の保険料については，厳密なリスクベースにより算定するなどの措置も必要であろう。このことによって金融機関に対して，継続して財務健全性を維持するインセンティブを与えることができる。これに合わせて，前述の資本要件や情報開示義務などの健全性規制を強化することも，事前の対処方法として必要である。

　セーフティネットの設計に際しては，規制裁定を防止するために，国際的な協調も必要である。たとえば，国際的に活動する金融・保険グループは，より手厚いセーフティネットを享受できる市場に本拠を置くユニットに，他のユ

（図表7-2）　国際的金融・保険グループに対する規制の国際的協調

健全性規制	分野間・法域間での共通ルールによる情報開示の強化	→	経営・リスク実態に関する情報の補完とステークホルダーのモニタリング強化
市場行動規制	複数の金融商品・サービスの販売規制の協調	→	エージェンシー問題の緩和
競争規制	規制者間の協力と情報交換	→	市場支配力の行使の防止
セーフティネット	保険・銀行分野の保護水準の共通化と預金保険制度の充実	→	規制裁定の防止とシステミックリスクの回避

ニットが引き受けたリスクを移転することも考えられる。そのため，システミックリスクとモラルハザードの両者のバランスを勘案したセーフティネットの枠組み構築とともに，その国際的な共通化もある程度なされることが求められる。

　以上のような国際的金融・保険グループに対する規制の国際協調のあり方をまとめると，**図表7-2**のようになる。

5　金融市場の融合と国際化のなかでの保険規制

　第5章から本章にわたって見てきた金融市場の融合と国際化による市場特性の変化を踏まえれば，どのような保険・金融規制の体制が整備される必要があるだろうか。保険業規制の国際的協調のあり方に関して見れば，保険会社の財務健全性と支払能力に関する情報の不完全性を緩和する健全性規制に関しては，一定の国際的な調和と共通化が求められる。すなわち，ソルベンシー規制は，国際的に事業活動を行う保険会社や金融・保険グループの経営実態やリスク実

態に関して，保険契約者，規制監督者をはじめとするステークホルダーが情報を得ることができるよう，共通化の努力が今後も行われるべきである。同様に，保険契約者保護制度を主軸とするセーフティネットに関しても，多国間で活動する保険会社がより有利な法域にリスクを移転するような規制裁定行動を防止するためにも，各法域間で保護水準を共通化するなどの措置が必要である。さらに，投資活動が国際化するなか保険の金融仲介機能が損われないようにするためには，投資家などによるモニタリングを容易にし，市場規律が機能し得るよう，会計基準，証券規制，保険会社の破綻処理規制の国際的共通化が不可欠ではないだろうか。

　一方で，個々の市場の経済成長段階や，社会情勢，歴史的・文化的背景の違いを考慮することなく，保険料規制および販売規制などの市場行動規制を過度に共通化すれば，かえって保険取引に必要な情報の不完全性・不均衡を拡大させ，保険のリスク移転機能を損なうおそれがある。このため，保険契約が個々の市場内で行われる限りにおいては，保険料規制および販売規制などの市場行動規制の体系は，各法域で柔軟に設計され，実行されるべきである。しかし，多国間で活動する企業・組織に対する保険のリスク移転機能を確保するために，少なくとも一部の企業分野の保険契約取引に関しては，市場行動規制の国際的共通化も将来的に必要になると考えられる。同様に，適切な市場の競争状態も，個々の市場の発展段階，成熟度などによって異なると言え，このことから競争規制についても，各法域の市場の状況に適合するように形づくられるべきである。

　巨大な金融・保険グループに関しては，その経営実態とリスク実態に関する情報を，規制者や外部のステークホルダーが入手することは，健全性規制の国際的共通化によっても，なお困難である。ステークホルダーがこのようなグループの経営実態，所有形態，各市場の法制の実態に関して十分で正確な情報を得ることができるように，規制者は，グループに対して必要な情報を要求する権限を持つだけではなく，各金融分野あるいは各法域の規制者間での迅速な情報交換が可能となっていなければならない。また，金融・保険グループに対

するステークホルダーのモニタリングを促進するため，会計基準，証券規制，金融機関の破綻処理規制の国際的共通化も不可欠である。さらに，規制者が，金融・保険グループのリスク実態を把握し，グループ内の各ユニットが負うリスクエクスポージャの総体が許容範囲を超えているような場合には，資本の増強，事業活動の制限などの措置を取るために，金融市場全体で統合された規制監督システムが整備されているか，各分野間での協調体制が構築されていることが求められる。

　金融・保険グループの市場支配力の問題に対しては，規制対象外の分野の，あるいは国外のユニットから内部補助が行われたり，フリーキャッシュフローが投入されたりすることにより，市場の競争を歪めることのないよう，各金融分野の競争規制の協調した整備だけではなく，法域を超えた規制者間の情報交換も重要である。負の外部性の問題に対しては，保険契約者保護制度や預金保険制度などのセーフティネットがすでに多くの法域において金融分野別に構築されており，これらを共通化して再整備することは必ずしも求められるものではない。しかしながら，規制裁定を回避するためには，各市場間で保護水準を共通化するなどの国際的な調整が必要であろう。販売規制や情報開示をはじめとする市場行動規制は，取り扱う金融商品・サービスの違いから，また，各市場の経済的・社会的条件の違いから，個々の法域で金融分野別に異ならざるを得ない。また，エージェンシー問題に起因する不適切な販売行動が行われにくいことを考慮すれば，金融分野をまたいだ国際的で大規模な共通化は必ずしも求められないであろう。

■注

1）　たとえば，1997年のアジア通貨危機や2008年の米国のサブプライムローン問題に端を発する米国大手証券会社の経営破綻が，その後世界経済に深刻な負の影響を及ぼしたことなどが挙げられる。

2）　IAIS は，1994年に発足して以来，本文でも述べた保険規制者間の国際的な協調と他の金融各分野の規制者との調整に取り組んでいる。

3）　保険基本原則は，2011年に全面的に改定されたのち，順次改定が進められ，2017年1月には，

ComFrame の要件が追加される方針が示され，2019年11月に改定版が採択された。

4 ）　これに先立っては，古く1988年に国際業務を行う銀行を対象にして示された Basel Capital Accord が Basel Ⅰ として合意され，その後2004年に改定された Basel Ⅱ を経て，2007年以降の世界的な金融危機を契機として，再度見直しが進められ，Basel Ⅲ の最終的な合意へとつながった。

5 ）　規制者による金融検査などをとおした直接のモニタリングが，保険市場の国際化により容易ではなくなりつつあることに鑑みても，会計基準の共通化などをとおして投資家を含むステークホルダーのモニタリングを強化する必要性は大きいと言える。

6 ）　たとえば，保険料規制に関して見れば，保険会社が保険契約引受にあたって使用可能なリスク指標は，第Ⅰ部でも議論したとおり，国や州によって許容される範囲が大きく異なることを反映して，現在においても多様である。

7 ）　このことは，IAIS の保険基本原則に ComFrame が取り込まれ，国際的に活動する保険会社や，金融・保険グループに対する監督協力および調整（Supervisory Cooperation and Coordination）の必要性が謳われていることからもわかる。

8 ）　第5章で述べたとおり，保険分野においては保険会社の財務健全性の確保と情報不均衡の是正が，銀行分野では金融システムの安定化が，そして証券分野では利用者保護が，それぞれ規制による公的介入の目的であり，このような目的の違いから各分野の規制者の権限は維持されていると言える。

9 ）　ステークホルダーのモニタリングを強化するためにも，第3節で述べた会計基準，証券規制，金融機関の破綻処理規制の国際的共通化が不可欠である。

10）　たとえば，顧客に保険商品を提供すると同時に証券発行やローン利用を促すことで，信用リスクを高めることなどが挙げられる。

11）　実際に大規模な銀行が財務困難に陥り，預金保険による支払いや中央銀行貸出しでは対処できない事態となった場合には，公的資金が投入されてきたことは，わが国においても経験してきたとおりである。

■第Ⅱ部参考文献

大野早苗・小川英治・地主敏樹・永田邦和・藤原秀夫・三隅隆司・安田行宏（2007）『金融論』，有斐閣ブックス。

大前恵一朗（2011）『現代ファイナンス論—意思決定のための理論と実践』（原著第2版），ピアソン桐原（Bodie, Z., R. C. Merton, D. L. Cleeton（2008）*Financial Economics*, 2nd Ed., Prentice Hall Series in Finance）。

奥野正寛・伊藤秀史・今井晴雄・西村理・八木甫訳（1997）『組織の経済学』，NTT出版，（Milgrom, P., J. Roberts（1992）*Economics, Organization & Management*, Prentice Hall, Inc.）。

金田幸二（2012）「IAISの保険規制・監督基準の動向について—保険グループ規制・監督を中心にして—」『損保総研レポート』第98号，pp. 1-40。

川又啓子・諏澤吉彦・福冨言・黒岩健一郎訳（2010）『オーナーシップ指数OQ—サービスプロフィットチェーンによる競争優位の構築』，同友館（Haskett, J. L., W. E. Sasser, J. Wheeler（2008），*The Ownership Quotient: Putting the Service Profit Chain to Work for Unbeatable Competitive Advantage*, Harvard Business Review Press）。

五味正夫（2006）「保険事業のグローバル化と規制・監督の国際基準」，堀田一吉・岡村国和・石田成則編『保険進化と保険事業』，慶應義塾大学出版会，pp. 319-347。

下和田功編（2014）『はじめて学ぶリスクと保険』（第4版），有斐閣ブックス。

諏澤吉彦（2007）「ファイナンス理論の発展と保険事業への影響に関する考察—過去半世紀の動きを中心に—」『損害保険研究』第69巻第1号，pp. 65-92。

諏澤吉彦（2010）「損害保険料率規制の転換—保険市場の情報問題からの一考察—」『保険学雑誌』第611号，pp. 61-79。

諏澤吉彦（2011）「医療保険市場における民間保険のあり方に関する考察—公的保険と民間保険の役割分担に関する分析モデルの検討を中心に—」『生命保険論集』第174号，pp. 1-26。

近見正彦，吉澤卓哉，高尾厚，甘利公人，久保英也（2006）『新・保険学』，有斐閣アルマ。

東京海上日動火災保険株式会社編著（2010）『損害保険の法務と実務』，財団法人金融財政事情研究会。

堀田一吉（2009）「保険自由化の評価と消費者利益—損害保険を中心に—」『保険学雑誌』第604号，pp. 5-24。

米山高生（2002）「戦後の生命保険システム」，田村祐一郎編『保険の産業分水嶺』第2章，千倉書房。

米山高生（2009）「戦後型保険システムの転換—生命保険の自由化とは何だったのか？—」『保険学雑誌』第604号，pp. 25-44。

Amihud, Y., B. Lev（1981）"Risk Reduction as a Managerial Motive for Conglomerate Mergers," *Bell Journal of Economist*, Vol. 12, No. 2, pp. 605-617.

Barth, J. R., G. Caprio Jr., R. Levine（2001）"Banking Systems around the Globe: Do Regulation and Ownership Affect Performance and Stability?" in *Prudential Supervision: What Works and What Doesn't*, ed. by F. S. Mishkin, University of Chicago Press, pp. 31-95.

Berger, A. N., J. D. Cummins, M. A. Weiss, H. Zi（2000）"Conglomeration versus Strategic Focus: Evidencefrom the Insurance Industry," *Journal of Financial Intermediation*, Vol. 9, Issue 4, pp. 323-362.

Calomiris, C. W.（2000）"Universal Banking: American Style," *U. S. Bank Deregulation in Historical Perspective*, ed. by W. Charles, Cambridge University Press, pp. 334-349.

Carow, K. A.（2001）"Citicorp-Travelers Group Merger: Challenging Barriers between Banking and Insurance," *Journal of Banking and Finance*, Vol. 25, No. 8, pp. 1553-1571.

Cummins, J. D., S. Tennyson, M. A. Weiss（1999）"Consolidation and Efficiency in the U. S. Life Insurance Industry, *Journal of Banking and Finance*, Vol. 23, Issue 2-4, pp. 325-357.

Cybo-Ottone, A., M. Murgia (2000) "Mergers and Shareholder Wealth in European Banking," *Journal of Banking and Finance*, Vol. 24, Issue 6, pp. 831–859.

Gallo, J. G., V. P. Apilado, J. W. Kolari (1996) "Commercial Bank Mutual Fund Activities: Implications for Bank Risk and Profitability," *Journal of Banking and Finance*, Vol. 20, Issue 10, pp. 1775–1791.

Gertner, R. H., D. S. Scharfstein, J. C. Stein (1994) "Internal versus External Capital Markets, *Quarterly Journal of Economics*, Vol. 109, Issue 4, pp. 1211–1230.

Harrington, S. E., G. R. Niehaus (2004) *Risk Management and Insurance,* 2nd Edition, McGraw-Hill.

Jensen, M. C. (1986) "Agency Costs of Free Cash Flow, Corporate Finance, and Takeovers, *The American Economic Review*, Vol. 76, No. 2, pp. 323–329.

Lewellen, W. G. (1971) "A Pure Financial Rationale for Conglomerate Merger," *Journal of Finance*, Vol. 26, No. 2, pp. 521–537.

Skipper, H. D. (2000) "Financial Services Integration Worldwide: Promises and Pitfalls," *North American Actuarial Journal*, Vol. 4, No. 3, pp. 71–108.

Skipper, H. D. and W. J. Kwon (2007) *Risk Management and Insurance: Perspectives in a Global Economy,* Wiley-Blackwell.

Swiss Reinsurance Co. Ltd. (2006) "Getting Together: Globals Take the Lead in Life Insurance M&A," *Sigma*, No. 1/2006.

Teece, D. J. (1980) "Economies of Scope and the Scope of Enterprise," *Journal of Economic Behavior and Organization*, Vol. 1, Issue 3, pp. 233–247.

Vaughan, E. J., T. M. Vaughan (2013) *Fundamentals of Risk and Insurance*, 11th Edition, John Wiley & Sons, Inc.

Walter, I. (1997) "Universal Banking: A Shareholder Value Perspective," *European Management Journal*, Vol. 15, Issue 4, pp. 344–360.

Winton, A. (1999) "Don't Put All Your Eggs in One Basket? Diversification and Specialization in Lending," *Working Paper Series,* Carlson School of Management, University of Minnesota.

White, L. J. (1996) "Competition versus Harmonization: An Overview of International Regulation of Financial Services," in *International Financial Markets: Harmonization versus Competition* ed. by C. E. Barfield, AEI Press.

第Ⅲ部

生活保障システムにおける
保険事業の役割

第8章 生活保障システムの構成要素としての保険事業

1 はじめに

　保険市場における規制と競争のあり方の検討に際しては，そこで取引される私的保険が，公的保険とともに生活保障システムの一部を担うものであることを考慮することが不可欠である[1]。医療保障，失業保障および，老齢保障など生活保障システムの主要な領域では，わが国をはじめ多くの法域において国または公的機関などの公法人が保険者として保険を運営し，基礎的な保障を提供している。また，直接の保険者としてではなくとも，自動車事故，労働者災害，環境汚染などに関する賠償責任保険や，地震，洪水，暴風雨，干ばつなどの自然災害補償の分野においても，付保強制，厳格な保険料規制，保険会社に対する残余市場機構への拠出義務付けなどのかたちで，公的関与がなされる例が多い[2]。

　わが国の医療および老齢の分野に注目すれば，各種公的医療保険と公的年金が生活保障システムの基底をなし，保険会社などの私法人により提供される生命保険および傷害疾病保険が，それらを補完する役割を担っている。そして，多くの成熟市場と同様に，急速な少子高齢化や，医療費の上昇を経験するなか，公的医療保険に関しては自己負担割合の引き上げなど，また，公的年金に関しては支給開始年齢の繰り延べなど，保障の縮小を含めたさまざまな議論がなされているが，こうしたなか，公的保険を補完するものとして，私的保険の生活保障システムとしての役割の重要性が認識されつつある[3]。

2 生活保障システムの構造

　生活保障システムとは，個人が日常生活を営むなかでさらされることになるさまざまなリスクから個人を保護する諸制度を一つのシステムとして捉えたも

のである。わが国においては，生存，死亡，傷害，疾病，後遺障害，失業，退職，災害，事故などのリスクに対処するために，国民健康保険などの公的医療保険，公的年金，公的介護保険，雇用保険，労働者災害補償保険などが公的な生活保障として設けられ，これらを補完するものとして生命保険，傷害疾病保険，そして賠償責任保険や財物保険を含む損害保険が，私的な生活保障として私法人である保険会社から提供されている[4]。

(1)　公的保険の機能

　各種公的医療保険，公的介護保険，雇用保険，労働災害補償保険，公的年金が含まれる公的保険は，個人に対して基礎的な生活保障を提供するとともに，所得を再分配することをとおして，社会の秩序を安定させ，またその一体性を強めるものである。たとえば，公的医療保険は，個人が疾病となったり，傷害を負ったりした場合に，予め定めた基準に従い保障を提供し，被保険者およびその家計の経済的安定を確保するものである。所得再分配機能について公的医療保険を例にとってみれば，その保険料は基本的には被保険者の標準報酬を基礎として算出されるが，このような所得に基づく応能負担の原則に基づいて保険料が適用される仕組みは，高所得者から低所得者層への，いわゆる垂直的所得再分配の機能を持つ。公的医療保険を別の視点から，保険料が個人の健康状態にかかわらず決定される点に注目すれば，健康な個人から傷病の個人への，いわゆる水平的所得再分配を行っていると見ることもできる。さらに被保険者の年齢に関してみれば，若年者に比べて高齢者の医療利用頻度が統計的に高いにもかかわらず，年齢による保険料の差が設けられていないことは，世代間所得再分配の機能も持つといえる。以上のような基礎的生活保障の提供と所得再分配の機能をとおして，公的保険は，その法域で生活する個人の経済生活を安定させ，社会の一体性を強め，その秩序を維持する役割を担っていると言える。

⑵　生活保障システムとしての私的保険

　生活保障システムの二層構造について，そのなかで重要な分野を占める医療保障を見れば，わが国においては健康保険および国民健康保険をはじめとする公的医療保険が基礎的な保障を提供し，それらに団体契約の生命保険や傷害疾病保険などの企業保障，そして，私的医療保険，所得補償保険などの個人保障が，私的保障として上積みされている[5]。同様に老齢保障について見れば，国民年金，厚生年金および共済年金といった公的年金に，厚生年金基金や企業型確定拠出年金などの企業年金と個人年金保険などの私的保障が付加されている。

　一方，自然災害および事故に関する生活保障システムは，その分野や法域により多様な形態が見られ，国や公的機関が保険者となり直接補償を提供している例もあれば，保険会社により私的保険が提供されている例も見られる。しかし，私的保険が保障の大部分を提供する場合であっても，その保険料や保障・補償は厳格な規制の対象となり，また，場合によっては付保が強制とされるなど，積極的な公的介入が行われる場合が多い。たとえば，わが国において労働者災害のリスクに対しては，公的保険としての労働者災害補償保険が提供されているのに対して，米国の多くの州では雇用者に私的保険への加入を強制している。また，自動車事故のリスクに関しては，多くの先進市場において私的保険としての自動車損害賠償責任保険が重要な役割を果たし，公的に最低付保額が定められている場合が多いなかで，わが国においては，第Ⅰ部でも触れたとおり，強制保険である自賠責保険が事実上の統一保険料のもと一律に提供され，これにより被害者が救済されるに足る最低限の補償が提供され，その上積みとして私的保険の各種自動車保険が提供されるという，医療保障と類似の二層構造を取っている。

　以上のような公的保障および私的保障によるわが国の生活保障システムの構造を，医療保障，老齢保障，介護保障，労働者災害補償，そして雇用保険を中心にまとめれば**図表8－1**のとおりとなる。

（図表8－1）　生活保障システムの構造

	公的保障	私的保障	
		企業保障	個人保障
医療保障	医療保険（健康保険，国民健康保険など）	団体傷害疾病保険など	個人傷害保険・医療保険，所得補償保険など
老齢保障	厚生年金保険，国民年金，共済年金	企業年金など	各種生存給付型生命保険など
介護保障	公的介護保険，厚生年金保険，国民年金，労働者災害補償保険		個人介護保険など
労働災害補償	労働者災害補償保険		所得補償保険，就業不能補償保険など
雇用保障	雇用保険		所得補償保険など

3　生活保障システムのリスク要素

　前節で見てきたとおり，生活保障システムにおいては，公的医療保険や公的年金など公的保障の主要部分において，保険のリスク移転の仕組みが採用されているとともに，生命保険や傷害疾病保険などの私的保険も，そこにおいて重要な役割を担っている。このことに鑑みれば，生活保障システムにおいても，私的な保険市場の不完全性と同様の問題が潜在し，さまざまな非効率がもたらしているかもしれない。生活保障システムが，基礎的生活保障を確実に提供するためには，保険市場と同様に，当事者に追加的な費用負担を課す非効率をもたらすリスク要素に起因する問題を最小化する必要がある。

　以下では，生活保障システムの重要な分野である医療保障と老齢保障に注目し，そこにどのようなリスク要素が存在し，それらがシステム運営にどのような追加的費用を課しているのかについて，分析を行う。

(1)　医療保障システムのリスク要素

　高齢者人口が増加すると同時に，医療費も上昇する一方で，公的医療保険の財源確保が必ずしも容易ではないことは言うまでもない。こうしたなか，医療保障システムにおいても私的保険の役割の重要性が増していることはすでに述べた。しかし，私的保険に関しても，第Ⅰ部で分析したように，さまざまな市場の不完全性が存在し，規制による公的介入が不可欠であった。今後の医療保障システムにおける私的保険の役割を検討するに際しても，このような保険市場の特性を分析することが役立つのではないだろうか[6]。すなわち，公的保険，私的保険を問わず医療保障システムにおける取引当事者を，医療保険への加入者と，それを提供する保険者であると見なせば，ここにも，取引に必要なさまざまな情報の不完全性と，加入者と保険者の間の情報不均衡が存在すると考えられる[7]。

①　保険者の支払能力に関する情報不完全性

　私的な保険市場においては，保険契約者と保険会社の保険契約事者間に，保険会社の支払能力，保険商品の保険料，そして被保険エクスポージャのリスク実態に関して，情報の不完全性と不均衡が存在することは，第1章において分析したとおりである。この議論を医療保障システムに当てはめれば，どのようなことが言えるだろうか。

　保険者の支払能力に関する情報について見れば，加入者が圧倒的に劣位な立場にある。医療保険者の支払能力は，他の私的保険と同様に不適切な保険料算出や保険資金投資といったシステム運営に起因する要因だけでなく，人口構成や社会・経済情勢の変化など，外部要因からの影響も強く受けるものである。このため，加入者が，私的医療保険に関しては，保険者の財務実態と経営実態を精査したうえで，外部要因についても十分な情報を得たうえで，保険者を選択するためには，少なからぬ探索費用を負担しなければならない[8]。さらに，加入後も継続的に，保険者の財務・経営実態をモニタリングしなければならない。また，公的医療保険のように加入が強制となっている場合でも，保険者の支払能力に疑念を抱く加入者は，潜在的に公的保険システムから離脱するイン

（図表8－2）　医療保険者の支払能力に関する情報不完全性

加入者	情報劣位	⇒	探索費用・モニタリング費用の負担
保険者	情報優位	⇒	シグナリング費用・未加入者のスクリーニング費用の負担

センティブを持つことになる。

　一方，保険者は，少なくとも自らが行う保険システムの運営実態に関しては加入者よりも情報優位にあると言えるものの，自らの財務健全性を示す情報を，既存の加入者，あるいは潜在的な加入者に対して，シグナリング費用をかけて提供しなければならない。しかし，支払不能が，前述のように自らコントロールできない外部要因によっても起こり得ることを考慮すれば，保険者自身も支払能力に関して完全情報をもつわけではない。また，加入が強制となっている公的医療保険に関しても，加入者のシステムからの離脱を防ぐために，費用をかけて未加入者のスクリーニングを行う必要がある。このように保険者の支払能力に関する情報の不均衡・不完全性は，加入者のみならず保険者側にもさまざまな費用を課すものであると言える。このような医療保険者の支払能力に関する情報に対する当事者の立場と，それにより引き起こされる追加的な費用負担の問題をまとめると，**図表8－2**のとおりとなる。

②　医療保険の保険料に関する情報不完全性

　医療保険の保険料と，その補償内容に関しても，加入者と保険者間で情報不均衡が存在する。すなわち，医療保険の提供者である保険者は，自ら保障内容を設計したうえで保険料を算出するため，情報優位にある一方で，加入者である個人が，保険料の算出根拠や方法，そして保障の内容を事前に十分把握することは非常に困難である[9]。仮に，給付内容や免責事由，自己負担額など保障内容に関して多様な選択肢が提示された場合，潜在的な加入者が自らのリスク実態を勘案したうえで，保険料と保障の選択に際して最適な意思決定を行うことは，実際には極めて困難であろう。たとえわが国の公的医療保険のように加入が強制である場合にも，加入者が自らの支払う保険料の水準が公正であるか

（図表8－3）　医療保険の保険料に関する情報不完全性

| 加入者 | 情報劣位 | ⇒ | 探索費用の負担 |
| 保険者 | 情報優位 | ⇒ | シグナリング費用の負担 |

どうかを，十分な情報に基づいて評価することは容易ではない[10]。また，情報優位な立場にある保険者側も，保険料水準と保障内容が公正なものであることを示す情報を，潜在的な加入者に提供するシグナリング費用を負担しなければならない。**図表8－3**は，このような医療保険の保険料に関する情報不均衡と，それによる当事者の追加的費用負担を示したものである。

③　被保険者のリスク実態に関する情報不完全性

医療保険の保険者の支払能力とその保険料に関しては，加入者が情報劣位にあったのに対して，被保険者となる加入者のリスク実態に関しては，第1章で分析した保険市場における被保険エクスポージャのそれと同様，保険者側が情報劣位となる。たとえば，被保険者の健康状態に関して，その本人は比較的容易に知り得るが，保険者は年齢などの外形的なリスク指標しか低費用では入手できない。リスク実態を考慮することなくプール保険料を全ての加入者に適用すれば，契約締結時には，言うまでもなく逆選択が引き起こされることになる。公的医療保険のように強制加入となっていれば，逆選択の問題が顕在化することはないものの，自らが低リスクであると認識する加入者は，保険システムから離脱するインセンティブを持つことになり，それを防止するために未加入者のスクリーニング費用が必要となるかもしれない。また，任意加入である私的医療保険の場合には，逆選択を緩和するためにリスク細分化や厳格なアンダーライティングを行うために，少なからぬスクリーニング費用がかかる。また，情報優位にある被保険者も，自らが低リスクであった場合には，そのことを示す医的診査結果などの情報を保険者に提供するため，シグナリング費用を負担しなければならない。

また，契約締結後は，被保険者の生活習慣などの行動も医療費水準を左右す

（図表8－4）　医療保険加入者のリスク実態に関する情報不完全性

加入者	情報優位	⇒	シグナリング費用の負担
保険者	情報劣位	⇒	スクリーニング費用・モニタリング費用の負担

ることになるが，これについても，行動の主体である加入者は十分知り得るが，保険者はその立場にない。その結果，保険により医療費の負担が軽減されたり，免除されることを知る加入者が，無意識的であっても健康維持・増進努力を怠るというモラルハザードが引き起こされるおそれもある[11]。こうした事態を回避するためには，第2章で分析したように保険者は費用をかけてモニタリングを行わなければならない。しかも，医療保障システムの当事者には，加入者と保険者に加え，医療の提供者である医療従事者や医療機関も含まれる。医療提供者も加入者の行動を常にモニタリングすることは容易ではないものの，加入者は，より適切な医療を受けるために自らの行動を医療提供者に明かすインセンティブを持つと考えられ，保険者ほど著しい情報劣位な立場にあるわけではない。また，医療保険により加入者の医療費負担が軽減または免除されていることを認識する医療提供者は，必要以上に手厚い医療を提供するかもしれず，モラルハザードの問題がさらに深刻化するおそれもある。以上のような医療保障システムにおける情報の不完全性と不均衡，そしてそれらにより引き起こされる問題をまとめると，**図表8－4**のとおりとなる。

(2)　老齢保障システムのリスク要素

　老齢保障システムでは，年金保険者の支払能力と，年金保険料と給付金額・期間は，物価や賃金水準の変動などのマクロ経済要因や，年齢別人口構成などの社会的要因により大きく左右される。これらの外部要因により年金保険者の支払能力が損なわれたり，保険料の引上げや保障の縮小が行われたりすれば，加入者の年金システムからの離脱を誘引するおそれがある。また，加入者のリスク実態に関しては，年金保険者の保有する加入者ポートフォリオ全体として

見れば，予測困難なものではなく，情報不完全性が深刻な問題を引き起こす可能性は低い。しかし，老齢保障システムは，個人の貯蓄へのインセンティブを低下させ，市場における資本の入手可能性を損なうおそれがある。このように老齢保障システムに非効率をもたらすリスク要素は，医療保障システムとは大きく異なると言え，このことについて以下では，経済変動リスク，社会変動リスク，年金システムからの離脱誘引，そして資本形成への負の影響にわけて分析を行う。

① 経済変動リスク

　経済変動リスクには，物価・賃金の変動，景気の変動，そして失業などが含まれる。これらのリスクは，老齢年金給付の原資確保を左右するものである。また，多くの経済変動リスクは，個々の加入者に広く影響を及ぼすものであり，エクスポージャ間の相関が高い要素であると言える。そのため，多期間で見た年金原資の実質額の変動性も大きくなり，それが予測を超える確率も高くなる。経済変動リスクのなかでもインフレーションは，とくに老齢保障システムに重大な影響を及ぼす。老齢年金が事前積立方式に基づく場合は，拠出金払込期間にインフレーションが進行すれば，累積された年金資金では将来の年金給付を償いきれない事態となるおそれがある。年金保険者の支払不能を避けるために，保険者は多額の資本を保有しなければならず，この資本を調達し保有する費用には，加入者の払い込む保険料や，公的年金の場合には租税収入が充てられることとなる。これらの費用が過大となれば，加入者の支払う拠出金の引き上げ，年金給付水準の引き下げ，給付期間の短縮，税率の引き上げなどの措置が必要になるばかりでなく，老齢保障システムの継続的運営にも深刻な影響を及ぼすと考えられる。

② 社会変動リスク

　社会変動リスクには，人口の増減や，その年齢別構成割合の変化，そして生活水準の変化などが含まれる。老齢保障システムは，保険料の払込期間，年金の給付期間ともに長期にわたるため，その間に人口の規模や年齢別構成割合が大きく変化した場合，加入者が当初期待した年金保険者のコミットメントを不

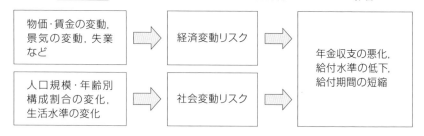

（図表8−5） 経済・社会変動リスクの老齢保障システムへの影響

確実なものとし，さらにはその支払能力に大きな影響が及ぶこととなる。現在，わが国を含む成熟市場だけでなく，経済成長を経験している市場においても，生活水準の向上と都市化により，長寿化が進むとともに出生率が低下し，急速な少子高齢化を経験している。その結果，年金受給者である高齢者の人口規模に対して，保険料拠出者である若年勤労者のそれが小さくなれば，老齢保障システムの支払能力を損なうこととなり，このような傾向が長期にわたり継続すれば，システムの持続が困難となるおそれがある。

　以上のような経済変動リスクと社会変動リスクのそれぞれの原因と，それらによって引き起こされる問題を示すと，**図表8−5**のとおりとなる。

③ 年金システムからの離脱誘引

　年金保険者の支払能力に関して情報劣位にある加入者は，年金資金の不適切な運用や他の目的への利用などによって，保険者の将来のコミットメントに疑念を抱くような事態となれば，年金システムから離脱するインセンティブを持つことになる。公的年金においては，対象者に加入を強制するための，未加入者のスクリーニングなどの費用を負担しなければならず，また，任意加入の私的年金保険についても，公的年金の給付額が十分に手厚いものでないとすれば，未加入者の増加は，老齢期の貧困を招くことにもなりかねない。

　このような年金保険者の不適切なシステム運営に，インフレーションなどの経済変動リスクと，少子高齢化などの社会変動リスクの影響が加われば，システムからの離脱を一層誘引することになる。すなわち，外部要因からの負の影響を認識する個人は，将来にわたる老齢年金の給付水準・期間，さらにはシス

テムの持続性に不信を抱き，その結果，潜在的な加入者は年金への加入を躊躇し，既存の加入者もそこからの離脱を考えるかもしれない。とくに年金保険料が，年齢などの指標に基づくものではなく，所得に連動して算定されるような場合には，高所得者や若年齢者などの特定のカテゴリーに属する個人はシステムへの加入を妥当な選択肢とは見なさないかもしれない。

④　資本形成への負の影響

　老齢保障システムは，個人の貯蓄行動に影響を及ぼす可能性がある。たとえば，公的年金が十分に手厚い保障を提供するような場合，個々の加入者は老齢期の費用に備えて貯蓄や証券保有などへのインセンティブを低下させるおそれがある。その結果，総資本が減少し，市場において資金の入手可能性が損なわれ，企業・組織にとって投資のための資本コストが増加し，ひいては経済活動が低迷することになるかもしれない。しかし同時に，手厚い年金保障の存在が，むしろ老齢期における加入者の実質的財産を増加させ，その一部は貯蓄されているとも考えられるため，資本形成への影響は不明瞭である。ただし，年金の給付にあたって加入者の資力調査が行われ，資産規模によって給付額が割り引かれる場合や，それが一定規模以下であることが給付の要件になっている場合は，加入者の貯蓄などへのインセンティブは低下することになる[12]。

　以上のような老齢保障システムからの離脱誘引と，その資本形成への負の影響を図示すれば，**図表8－6**のとおりとなる。

（図表8－6）　老齢保障システムからの離脱誘引と資本形成への影響

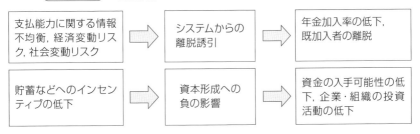

4　生活保障システムの公的保険と私的保険の機能分担

　少子高齢化の進行と医療費の上昇により，公的保険の財源確保が困難となるなか，生活保障システムにおける私的保険への期待が高まっていることはすでに述べたとおりである。しかし，公的保険の縮小と私的保険の拡大という一方向的な変化が果たして適切なものであろうか。また，公的保険と私的保険による生活保障システムの二層構造は，合理的な選択肢だろうか。

　本章で見てきたように，生活保障システムには，そこでの取引当事者である保険の加入者と保険者に，追加的費用負担を課すさまざまなリスク要素があった。すなわち，医療保障システムにおいては，私的保険市場と同様に，保険者の支払能力，保険料および被保険者のリスク実態に関する情報の不完全性と，当事者間での不均衡があった。このことにより，加入者，保険者の双方に探索費用，シグナリング費用，スクリーニング費用，そしてモニタリング費用などの負担を重くしているおそれがあった。また，老齢保障システムにおいては，保険者の支払能力を損なうリスク要素として，経済変動リスクおよび社会変動リスクがあり，このことにより加入者お年金システムからの離脱を誘引するおそれがあった。また，老齢システムの不適切な設計は，企業や組織にとって資金の入手可能性を低下させ，経済全体にとっても重大な事態をもたらすものであった。これらのリスク要素からの負の影響を最小化し，生活保障システムを持続的に運営するために，公的保障と私的保障では，それぞれ異なる方法により対処している。しかも，わが国をはじめ多くの法域において，両者による二層構造を持つ生活保障システムが採用されていることは，個々の事情に応じた歴史的経緯に加え，公的保障または私的保障の二者択一では，リスク要素に起因する諸問題を解消し得なかった結果であるかもしれない。

　そこで，次章および第10章においては，生活保障システムの重要な構成要素である医療保障と老齢保障に焦点をあて，公的保険と私的保険がどのようにリスク要素に対処しようとしているのかを見たうえで，それらの利点と限界を明らかにし，両者の機能分担のあり方を探る。

■注
1) 公的保険と私的保険は，公保険，私保険ともそれぞれ呼ばれる。
2) たとえば第Ⅰ部で述べた自賠責保険および地震保険における基準料率制度，そして前者に対する付保強制が，このような公的関与の例として挙げられる。また，米国などに設けられている残余市場機構は，とくに自動車損害賠償責任保険について，任意市場での保険の入手が困難な高リスク者に補償を提供する仕組みであり，その財源は，保険会社が任意市場での収入保険料規模に応じて負担する。
3) とくに公的医療保険に関しては，療養型病床数の縮小，診療報酬の定額払いへの一部移行，高齢者層に対する公的医療保険の分離，健保組織の再編など，これまでの診療報酬改定や自己負担割合の引き上げなど保険制度内での手当てを超えて，医療サービス供給インフラや健保組織のあり方の見直しにも及びつつある。一方で近年，医療保険やがん保険などのいわゆる第三分野の保険商品の新規契約件数が伸びており，私的保険に対する需要が増していることがわかる。
4) 各種共済も私的保険と同様に私的生活保障の機能を担っている。また，企業年金などの企業保障も，私的生活保障に分類される場合が多い。
5) 私的生活保障のうち個人が加入する私的保険は，個人が自らのリスクマネジメントのために利用するものであり，任意加入が一般的であるが，私的生活保障の範囲が広い法域では，個人に生命保険や個人年金保険への加入を強制する例も見られる。
6) 医療保障システムの基底をなす各種公的医療保険は，本文で述べたとおり対象となる個人は必ず加入しなければならず，また保険料も被保険者のリスク実態と関わらず所得に連動して一律に適用されるものであり，言うまでもなく私的な保険市場とは大きく異なる。しかしながら，このような公的医療保険が，医療保険市場に対する厳格な公的介入によるものであると見なせば，私的な保険市場と同様に分析が可能である。
7) 第Ⅰ部および第Ⅱ部と同様に，本章以降についても私的保険の購入者は保険契約者とするが，公的保険または公的・私的保険を区別しない場合は，加入者と呼ぶこととする。
8) 米国における医療保険のように，加入者あるいはその雇用者に保険者を選択する余地が与えられている場合，保険者の支払能力に関する情報不均衡があるために，適切な選択を常に行えるとは限らない。
9) 医療保険の保険料に関する情報不均衡は，医療従事者や医療機関などの医療提供者と加入者との間で，医療の効果や安全性などに関する情報の不均衡があるために，一層深刻となり得る。
10) このような保険料に関する情報不均衡は，医療保障の分野のみならず，失業保障や老齢保障など生活保障システムの他の分野においても存在するものである。
11) 加入者が経済合理的に意思決定することを前提とすれば，医療費節約のために必要な努力にかかる費用と，それによって得られる便益を比較し，前者が後者を上回ってまで健康維持・増進努力を行うインセンティブを持たないと言える。ただし現実には，個人は健康維持・増進努力の費用よりも，疾病による身体的，精神的苦痛による効用低下を重く評価する場合が多いと考えられる。
12) たとえば，欧州の一部の国に設けられている無拠出制の国民年金などに資力調査が設けられているが，対象者は無年金者や低年金者に限定される。

第9章

医療保障システムにおける保険事業の役割

1 はじめに

　生活保障システムの重要な構成要素である医療保障の分野においては，わが国のように政府が直接保険者として保障を提供する例が，多くの市場において見られる。しかし，前章で見てきたように，人口構成の変化と医療費の上昇が，先進市場だけでなく多くの成長市場においても進むなか，保険会社によって提供される各種医療保険など私的保険への期待が増している。しかしこのことをもって，公的保障の縮小と私的保障の拡大という一方向的な移行が適切であろうか。あるいは，公的保障と私的保障がそれぞれに適した領域で役割を分担すべきであろうか。本章ではこのような問題意識に立って，前章において見てきた医療保障システムのリスク要素を，公的保険と私的保険がそれぞれどのように対処しており，それらの利点と限界は何かを分析し，両者の機能分担のあり方を探る。

2 医療保障システムのリスク要素

　前章において分析したように，医療保障システムにおいては，医療保険者の支払能力，医療保険の保険料，そして被保険者のリスク実態に関して情報不均衡が存在し，それらに起因する問題を縮小するために，医療保険加入者，保険者を含む取引当事者は追加的な費用負担を強いられるおそれがあった。すなわち**図表9－1**に示したとおり，保険者の支払能力に関して情報劣位にある潜在的な加入者は，私的医療保険を選択するにあたって，探索費用をかけて保険者の財務健全性を精査しなければならず，保険契約締結後も保険者をモニタリングしなければならない。また，情報優位にある保険者は自らの財務健全性について，潜在的な加入者にシグナリングを行う必要があった。公的医療保険につ

（図表9－1）　医療保障システムにおける情報の不完全性

情報の種類	保険者の支払能力	保険料に関する情報	加入者のリスク実態
保険者	情報優位	情報優位	情報劣位
加入者	情報劣位	情報劣位	情報優位
追加的費用と負担者	加入者：探索費用・モニタリング費用	加入者：探索費用	加入者：シグナリング費用
	保険者：シグナリング費用・未加入者のスクリーニング費用	保険者：シグナリング費用	保険者：スクリーニング費用・モニタリング費用

いては，強制加入であるものの，加入者が将来の保険者の支払能力に疑問を持った場合には，システムから離脱するインセンティブを持つことになる。

　保険料に関する情報に関しても情報劣位にある加入者にとって，その水準が適切なものかどうかを判断するために十分な情報を得ることは，少なからぬ探索費用をかけたとしても困難であり，また逆の立場にある保険者は，自らが提供する医療保険の保険料水準と保障内容が適切なものであることを示す情報を提供するシグナリング費用の負担が求められた。

　被保険者のリスク実態に関しては，保険者が情報劣位にあるため，逆選択やモラルハザードにより，被保険者ポートフォリオの期待損失が引き上げられるおそれがあり，それを防ぐために，公的医療保険では強制加入を確実なものとし，私的医療保険ではリスク細分化などのスクリーニングを行う必要があった。また，自らが低リスクであることを認識する加入者側も，そのことを示す情報を保険者に提示するシグナリングを行う必要があった。

　現実の医療保障システムにおいては，これらのリスク要素からの負の影響を縮小するために，さまざまな工夫が施されている。しかしそのためのアプローチは，次節以降で分析するように，公的医療保険と私的医療保険で大きく異なっている。

3　公的医療保険のリスク要素への対処

各種公的医療保険により構成される公的医療保障システムは，他の公的生活保障と同様に，社会の一体化とその安定を目指して，個人がさらされる疾病，傷害および後遺障害などのリスクに，基礎的な保障を提供するものであり，積極的な公的関与のもと運営されてきた。このため，医療保障システムのリスク要素にも，以下で見ていくように，保険料・保障の均一化や加入の強制化などにより統一的に対処している。

(1)　保険者の支払能力に関する情報補完

①　公的保険化と租税収入による財源確保

保険者の支払能力に関する情報不均衡に関しては，公法人を運営主体とすることにより縮小している。これにより，保険収支が悪化すれば，租税収入をその補填に充てることが容易となり，保険者の支払能力を維持することができる。保険料水準が公正である限りにおいて，保険者が支払不能に陥ることはないことを認識する公的医療保険加入者は，加入を強制されずとも，すすんで保険システムにとどまると考えられる[1]。しかし，租税収入を公的医療保険の財源の一部に充てることは，言うまでもなく納税者の負担を増すこととなる。このため，公的保険化によっても，保険加入者および納税者は，保険者の支払能力を継続的にモニタリングすることが求められる。

また，公的医療保険では，保険料の水準や保障の内容などの変更は，法改正プロセスを経て行う必要がある。このことにより，システムの柔軟性が制限され，加入者の医療に対する需要の変化や多様化，そして少子高齢化や医療技術の進歩などの変化に，迅速に対応できないおそれがある。

②　保障の限定

医療保険収支を健全に保ち，保険者の支払能力を維持するために，公的医療保険の保障は，加入者にとって必要な基礎的な範囲にならざるを得ない[2]。このため，わが国においては，いわゆる先進医療などは保障の対象外としている

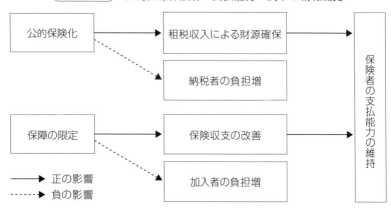

（図表9－2）　公的医療保険者の支払能力に関する情報補完

とともに，コインシュアランスによる加入者のリスク保有の要素が組み入れられている[3]。コインシュアランスが採用されていれば，医療費の一定割合を自己負担することを認識する加入者は，医療を過剰に利用することなく，また，すすんで健康維持・増進努力を行うと期待できる[4]。このようなモラルハザードの緩和により，公的医療保険システムの期待損失が低下すれば，収支の改善により保険者の支払能力も維持される。しかし，保障を過度に限定した場合には，老齢期の加入者に重い費用負担を課すことにもなり，社会秩序の維持と安定という公的保障の本来の目的を損なうことになることには留意する必要がある。以上のような保険者の支払能力に関する情報の不均衡を緩和するための公的保険化と保障の限定，そしてこれらの対処方法が及ぼす影響を図示すれば，**図表9－2**のとおりとなる。

(2)　保険料と保障の均一化

　公的医療保険の保険料の水準と，保障の内容に関する情報不均衡には，わが国も含め多くの法域で，保険料と保障の均一化により対処している。個々の加入者のリスク水準に関わりなく，前章で見たとおり所得再分配のため応能負担の原則に基づいて保険料が適用され，同質の保障が提供されることにより，情

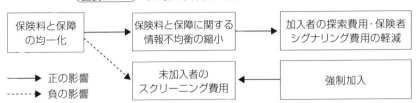

（図表9－3）　公的医療保険の保険料に関する情報補完

報劣位にあった加入者は，自らのリスク水準を熟知したうえで，保険料と保障の多様な選択肢のなかから，最適な医療保険に加入するための時間や労力といった探索費用の負担を免れる。これと同時に，保険者も，保険料と保障内容について複数の選択肢を潜在的な加入者に提示するなどのシグナリング費用を負担する必要がない。

　しかし，**図表9－3**に示したように保険料の均一化は，内部補助に基づくプール保険料を全ての加入者に適用することになり，自らが低リスクであると認識する加入者にとってその保険料は割高となり，その結果，公的医療保険システムから離脱するインセンティブを潜在的に持つことになる。このため，対象者の加入を強制することになるが，それを確実なものとするためには，未加入者のスクリーニング費用が必要となるかもしれない。また，保障の均一化は，個人に対して選択の幅を制限していることにもなる。実際にも，多くの法域において公的医療保険の保障内容は，医療技術の進歩に十分対応し，医療ニーズを充足しているとは必ずしも言えない[5]。

(3)　被保険者のリスク実態に関する情報補完

①　加入の強制

　被保険者のリスク実態に関する情報不均衡が，保険加入時に逆選択の問題を引き起こすことは前章において分析したとおりであるが，公的医療保険のように，保険料と保障がリスクに関らず均一化されている場合には，一層深刻となる。すなわち，自らが高リスクであると認識する個人は，その保険料は割安と見なし，すすんで保険に加入する一方で，低リスク者にとってそれは割高とな

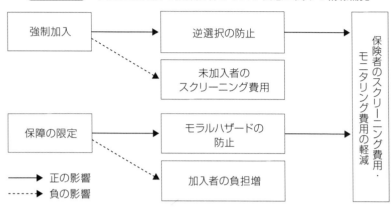

（図表9－4）　公的医療保険の被保険者のリスク実態に関する情報補完

るため，加入を躊躇することになる。さらに，保険加入後も，保険金請求歴などのリスクに基づいて保険料が調整されなければ，前述のとおり公的医療保険システムから離脱するインセンティブを持つことになる。逆選択が顕在化すれば，公的医療保険の被保険者は，高リスク者のみによって構成されることとなり，その収支は悪化していくことになる。

　このような逆選択に対処するために，公的医療保険は，多くの法域において加入が強制となっている[6]。加入の強制はまた，逆選択の緩和と同時に，加入者数を最大化し，保険のプーリング効果を高め，規模の経済性による運営費用を軽減することにもつながる。しかし，強制加入を確実なものとするためには，未加入者のスクリーニングなど運営のための費用がかかることは言うまでもない。仮に強制加入が徹底されたとしても，高リスク者とともにプールされていることを認識する低リスク者は，医療の利用を躊躇しにくくなると考えられる。また，このことを知る医療提供者は，必要以上に手厚い医療を提供するかもしれない。このような医療の過剰利用・過剰提供といったモラルハザードの問題は，次に述べる公的保障の内容を必要最低限な基礎的範囲にとどめることや，保障にリスク保有の要素を組み入れることで一部緩和することができる。

②　保障の限定

　公的医療保険の保障を基礎的な範囲に限定することは，前述のとおり保険者の支払能力の確保にも貢献すると同時に，逆選択の問題も縮小するものである。保障の限定により公的保険料が十分に低廉な水準に維持されれば，低リスク者であってもその払い込みを強く躊躇することはなくなると考えられる。

　また，コインシュアランスによる保障の限定も，保険加入後のモラルハザードの問題を縮小することに貢献する。すなわち，医療費の一定割合を自ら負担することを認識する加入者は，不必要な医療の利用を踏み止まるとともに，医療提供者もその過剰な提供を行いにくいと考えられる。このことにより期待損失が低下すれば，保険料が引き下げられ，逆選択の問題も緩和されることになる。ただし，前述のとおり，公的医療保険の保障が過度に限定されれば，加入者に重い医療費負担を課すことになり，公的保障の本来の機能を果たし得ないことを忘れてはならない。

　以上のような強制加入と保障の限定による公的医療保険の被保険者のリスク実態に関する情報補完の効果と影響を示せば，**図表9－4**のとおりとなる。

⑷　公的医療保障システムの情報補完の限界

　以上のような公的医療保険におけるさまざまな仕組みは，特定のリスク要素に有効に対処し得ると同時に，新たな問題を引き起こすことにもつながる。すなわち，医療保険の公的保険化は，租税収入を財源の財源一部に充てることを可能にし，保険者の支払能力を確実にする反面，納税者の負担を重くするおそれがある。保障の限定も，保険収支を改善することで支払能力を維持し，同時にモラルハザードの問題も縮小することができる。しかし，保障の過度の限定は，個人への基礎的生活保障の提供という公的医療保険の目的を損なうことになる。保険料に関する情報不均衡は，保険料と保障の均一化により解消し得るものの，加入者の医療保険システムからの離脱を誘引することにもなる。この問題を防ぐためには，公的保険への加入を強制とすることが有効であり，このことは同時に均一保険料により引き起こされる潜在的な逆選択を防止すること

にも貢献するものであった。

4　私的医療保険のリスク要素への対処

　前節で行った公的医療保険に関する分析からは，すべてのリスク要素からの負の影響を同時に解消することが困難であることがわかった。このことからは，医療保障システムを公的医療保険のみで運営することには限界があると言え，私的医療保険との機能分担に一定の利点があるかもしれない。このことを探るために，以下では，私的医療保険がリスク要素にいかに対処しているかを分析する。

⑴　保険会社の支払能力に関する情報補完

　私的医療保険の支払能力に関する情報不均衡は，他の保険種類と同様に，第2章で述べた財務規制，保険料規制，そして保険契約者保護制度によって緩和することができる[7]。財務規制は，保障の提供者である保険会社の財務健全性と支払能力を確保することで，加入者の保険会社選択を容易にしている。また，

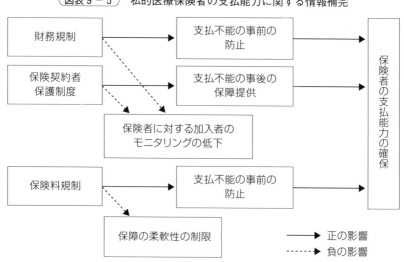

（図表9－5）　私的医療保険者の支払能力に関する情報補完

保険料規制は，保険料の水準を，保険会社が健全に事業を行い得る水準に保つことにより，支払不能となる事態を回避することができる。これらの事前的な財務規制と保険料規制に加え，保険契約者保護制度は，保険会社が支払不能となった場合に，加入者への保障提供のための資金提供などを行うことにより，支払能力を事後的に補完するものである。

　しかしながら，これらの規制による公的介入を過度に強化すれば，そのための明示的な費用がかかることは言うまでもない[8]。これに加えて，**図表9－5**に示したように保険会社の財務健全性に関する情報への加入者の関心を薄れさせ，ひいては保険会社が経営の安全性を維持するインセンティブを弱め，リスクテイキングな経営に傾くという重大なモラルハザードを招くかもしれない。その結果，支払不能が発生すれば，その処理と加入者の救済のために更なる費用が生じることになる。

(2)　保険料に関する情報補完

①　保険料規制

　保険料に関する情報不均衡に対して，私的医療保障システムでは，多くの法域において保険料の事前認可制やリスク細分化の規制などの公的介入によって，保険料に関する情報不均衡の問題を緩和している。わが国においても，第2章で述べたように，医療保険を含む傷害疾病保険は，事前認可制度の対象となっており，保険料水準とその体系が適切なものとなるよう審査が行われている。そのなかでも傷害保険には参考純率が示されており，保険会社はこれを自らの保険商品の純保険料算出に利用することができる。仮にこれらの措置がとられなければ，競争圧力にさらされる保険会社は，過度なリスク細分化や，複雑で多様な医療保険商品開発を行うおそれもあり，その結果，保険料に関する情報不均衡をさらに深刻化し，加入者にとっては意思決定に必要となる情報の探索費用負担を，保険会社自身にとってもシグナリング費用負担を，それぞれ重くすることになる。保険料規制により保険料と保障内容の過度の多様化が制限されていれば，加入者の保険選択を容易にし，保険会社にとっても過度に多様な

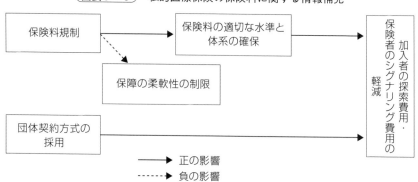

(図表9－6)　私的医療保険の保険料に関する情報補完

商品開発と提供に必要な費用負担を軽減することができる。

　しかしながら，不適切な保険料規制の実施は，医療保険の保険料と保障内容の柔軟性を損ない，加入者の選択の幅を狭めることにもつながる。さらに，過度に厳格なリスク細分化の制限は，大規模な内部補助を許容することになり，完全なプール保険料が採用されている公的医療保険ほど深刻ではないものの，逆選択の問題が拡大することにもなる。

② 　団体契約方式の採用

　私的医療保険の保険料に関する情報問題は，団体契約方式の採用によっても緩和することができる。企業分野の医療保険や傷害保険において一般的となっている団体契約においては，通常保障内容に関して十分な知識を有する企業・団体の福利厚生担当者が個々の従業員，組合員などを代理して保険会社と契約を結ぶため，情報不均衡の問題は，深刻とならず，適切な選択が行われる可能性が高い。しかも団体契約の運営費用は，規模の経済性によって相殺されることが期待できるであろう[9]。

　以上のような保険料規制と団体契約方式による私的医療保険の保険料に関する情報補完の効果と影響を示せば，**図表9－6**のとおりとなる。

(3)　被保険者のリスク実態に関する情報補完

①　アンダーライティングとリスク細分化によるスクリーニング

　保険料と保障が均一化されている公的医療保険においては，加入が強制となっていても，逆選択の問題が潜在することはすでに述べた。個人や企業・組織が任意に選択する私的医療保険の場合には，仮にすべての加入者に対してプール保険料が適用されたときには，逆選択の問題は，より顕著に引き起こされると考えられる。また，大幅な内部補助を伴った一部分離保険料が適用される場合にも，低リスク者より高リスク者のほうが，より強い加入へのインセンティブを持つこととなる。私的医療保険では，このような逆選択の問題を，医的審査を含むアンダーライティングやリスク細分化によって，縮小している。

　しかし，これらの活動が無費用で行えるわけではない。とくに，生存，死亡，傷害，疾病，失業，退職など生活保障システムが対象とするリスク実態を，加入者の年齢など入手容易な指標から正確に把握することは難しく，リスク評価の精度を高めようとすれば，疾病歴や，食事と運動を含む生活習慣，遺伝的性質など，低費用では入手困難な情報も必要となる。このため，保険会社が逆選択を防止するために潜在的加入者のリスク実態を正確に判定しようとすればするほど，それにかかる費用は上昇し，その結果，私的医療保障システムの効率性を損なうことにもなりかねない[10]。さらに，保険会社は逆選択を恐れるあまり，第4章で述べたようなクリームスキミングを行ったり，高リスク者への保険の供給を制限したりすることにより，無保険者を増加させるかもしれない[11]。前述の事前認可制度を含む保険料規制は，このような問題を回避することにも貢献している。すなわち保険会社がリスク評価に使用可能な指標と，低リスク者と高リスク者との保険料較差に制限を設けることにより，過度のリスク細分化とアンダーライティングに歯止めをかけている[12]。

②　モニタリングによるインセンティブコントロール

　加入者のモラルハザードの問題には，公的医療保険と同様に，傷害疾病保険などの私的医療保険でも，コインシュアランスや控除免責金額といったリスク保有の要素を保険契約に組み入れることにより，対処している[13]。医療費の

一部を加入者負担とすることにより健康維持・増進努力が促されるという点で，リスク保有の組み入れは，間接的なモニタリングの仕組みであると言える。しかし，医療保険によって医療費の一部を免れることには変わりなく，無保険時に比べ，健康維持・増進努力水準が低下するおそれがあることに変わりない。

　間接的なモニタリングには，第2章において述べた経験料率の採用も含まれる。とくに企業分野の団体契約の医療保険では，被保険者集団の過去の医療利用歴に基づいて保険料を決定する方式が採用されることがある。このような経験料率のもとでは，保険契約者である企業は，将来の保険料を低く抑えるため，福利厚生制度の整備などをとおして，被保険者である従業員の健康維持・増進に努めると期待できる。経験料率を効率的に運営するためには，保険会社が低費用で加入者の正確な保険金請求歴に関する情報を入手することが前提となる。このため，過去の保険契約の情報を保険会社間で共有・交換するための仕組みが必要となる[14]。しかし，過度に詳細な加入者の医的情報を収集し，保険会社間で共有するには，そのための初期費用，個人情報の適切な管理を含めた運営費用ともに小さくないと考えられ，その結果，モラルハザード防止効果を相殺する事態となるおそれもある。

　より積極的なモニタリングとしては，第Ⅰ部でも触れた健康増進型医療保険が挙げられる。これは，保険会社が，テレマティクスを用いて被保険者の歩行量を継続的に収集したり，健康診断計測値を定期的にモニタリングすることで，リスク評価を行い，保険料割引や還付金支払いを行うものであり，この仕組み

（図表9−7）　私的医療保険者の支払能力に関する情報補完

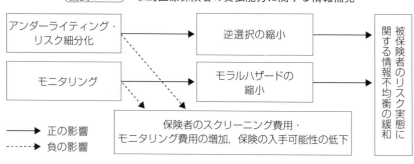

をとおして，健康が維持され，医療費が抑制されると期待できる。しかし，これには，歩行量などと医療費抑制効果との間に正の相関があることが前提となることは言うまでもない。さらに，その仕組みの運営費用が，期待損失の低下効果を相殺することのないように留意する必要がある。

　以上のようなリスク細分化とアンダーライティング，そして間接・直接のモニタリングの効果と影響は，**図表9－7**のとおり示すことができる。

(4)　私的医療保障システムの情報補完の限界

　以上のように，私的医療保障システムに非効率をもたらすリスク要素に対処するための保険契約上の工夫や当事者の活動には，一定の効果が期待される一方で，システムに負の影響を及ぼすおそれがあった。たとえば，保険料規制は，保険会社の支払不能を事前に回避することや，医療保険の保険料の水準と体系を適正に維持することに貢献するが，医療保険商品の柔軟性には制限を課すものである。また，過度に厳格な財務規制や，手厚い保険契約者保護制度も，保険会社の支払能力を事前または事後に確保すると同時に，保険者の財務状況に関する加入者の関心を低下させ，市場規律の機能を損ない得るものである。さらに，リスク細分化を含む被保険者のスクリーニングと，間接・直接のモニタリングは，逆選択やモラルハザードの問題を縮小するが，保険者の費用負担を重くし，さらには高リスク者の医療保険の入手可能性を低下させ得るものである。このような情報補完の効果と限界に鑑みれば，医療保障システムを私的医療保険のみによって構成することは適切ではなく，前節で分析した公的医療保険との適切な機能分担が求められるのではないだろうか。

5　医療保障システムにおける公的・私的保険の併存の合理性

　本章において見てきた医療保障システムにおけるさまざまな情報不均衡と，それらを補完するための公的医療保険および私的医療保険の対処方法をまとめると，**図表9－8**のとおりとなる。すなわち，公的医療保険は，租税収入を財

（図表9－8）　医療保障システムの情報不均衡への公的・私的医療保険の対処

	保険者の支払能力に関する情報不均衡尾	保険料に関する情報不均衡	被保険者のリスク実態に関する情報不均衡
公的医療保険	公的保険化 保障の限定	保険料・保障の均一化 強制加入	強制加入 保険料の低廉化 コインシュアランス
私的医療保険	財務規制 保険契約者保護制度 保険料規制	保険料規制 団体契約方式	アンダーライティング リスク細分化 コインシュアランス 免責金額 経験料率 健康関連指標の継続的 モニタリング

源に充てることで保険者の支払能力を確保していたが，納税者に過大な負担を強いることのないよう，保障を基礎的な範囲に限定せざるを得ない。このことを考慮すれば，公的医療保険の保障を超えた領域は，任意加入の私的医療保険が保障を提供することが求められる。

　また，保険料に関する情報不均衡に関しては，公的医療保険では保険料と保障を均一化することによって対処しているが，このことは医療保障の柔軟性を損ない，加入者の需要に十分応じ得ないことにもなる。このため，保険料と保障に一定の自由度が許される私的医療保険が，個々の加入者の医療ニーズに応じた医療保険商品を提供することが望まれる。しかし，私的医療保険においても，過度のリスク細分化によって保険の入手可能性が低下することのないよう，保険料の水準と体系，そして保障内容には一定の共通化が不可欠である。

　逆選択とモラルハザードの問題は，被保険者のリスク実態に関する情報不均衡に起因する問題であるが，前者について公的医療保険では，強制加入とするとともに，保険料を可能な限り低廉な水準に抑制することによって対処している。しかしそのためには保障を限定せざるを得ず，やはり私的医療保険が補完的に保障を提供すべきである。また，モラルハザードは，公的医療保険，私的医療保険ともにコインシュアランスなどのリスク保有の仕組みを採用すること

により縮小しようとしているが，加入者が医療費の一定割合の負担を免れることに変わりなく，その効果は限定的である。したがって，私的保険が，そのための費用が過大とならないよう留意しながらも，経験料率を採用したり，健康関連指標の継続的モニタリングを行うことによって，より積極的に被保険者の健康維持・増進努力を促し，医療費抑制に貢献することが望まれる。

以上のことに鑑みれば，少子高齢化と医療費の上昇，また医療需要の多様化が今後一層進展したとしても，私的医療保険の保障範囲が大幅に拡大したり，それが公的医療保険を代替するような医療保障システム設計は，決して適切ではなく，将来的にも公的医療保険と私的医療保険の併存によるシステム運営が，合理的であることが強く示唆される。

■注

1) しかし，保険収支に関わらず支払能力が確保されることを認識する公的医療保険者または政策決定者は，過度に手厚い保障が提供されるようにシステム設計を行うという，保険者側のモラルハザードの問題が引き起こされるおそれもある。

2) 前掲注1と同様に，財源に租税収入が充てられることを期待する保険者または政策決定者は，採算を無視して手厚い保障を提供するおそれもある。

3) 保障の限定が保険料の低廉化につながれば，後述するように，加入者のシステムからの離脱を防ぐことにも貢献する。

4) コインシュアランスは，加入者の医療の過剰利用だけでなく，医療提供者による医療の過剰提供を防ぐことにも貢献していると言える。

5) この問題は，前述のとおり公的保険化による柔軟性の欠如にも起因する。

6) 加入強制はまた，公的医療保険システムへのフリーライドを回避することで外部性を排除することにも貢献している。

7) 財務規制，保険料規制および保険契約者保護制度は，金融市場の文脈から見れば，ともに第5章において述べた金融機関に対する健全性規制に含まれる。

8) なかでも保険契約者保護制度の運営に充てる財源確保のための賦課金など，保険会社にとっても明示的な費用が必要となる。これらの費用は，一次的には保険会社の負担となるものの，少なくともその一部は加入者の保険料にも反映されるであろう。

9) 医療保険の保険料に関する情報不均衡を緩和するためには，米国における民間医療保険に見られるように，医療保険の提供主体や，医療提供者のサービスの質を評価する民間非営利組織の活用も挙げられる。これらの組織が提供する情報は，個人が多様な選択肢を客観的に比較することを容易にしていると考えられるが，このような取組みが，わが国においても十分に低費用で行い得るものであるかどうかは不確実である。

10) ただし，第Ⅰ部でも触れたインシュアテックの試みの一つとして挙げられる健康増進型医療保険に見られるように，被保険者の歩行量や健康診断計測値などを継続的にモニタリングする技術

が発展すれば，リスク判定にかかる費用は将来的に軽減していくとも予想される。

11）　公的医療保険が設けられているわが国において，私的医療保険の加入率の低下は，深刻な社会的問題を引き起こさないかもしれないが，医療保障システムの主要部分を私的医療保険が担う米国などでは，無保険者の増加は，深刻な問題となっている。

12）　第4章でも触れたとおり米国の多くの州においても，民間医療保険に使用可能なリスク要素を，地域，家族構成および年齢などに限定するとともに，保険料率較差にも制限を設けている。

13）　米国においては，医療の過剰提供を防ぐために，標準的でかつ適正であると認められる医療費用に基づいて，支払う保険金を決定する方式が見られるが，個人の健康状態，病歴，遺伝的特徴などが多様であることに起因する医療内容の個別性を考慮すれば，すべての保険加入者に標準化された医療を提供すること自体が困難であると言える。また，同国では，多くの Health Maintenance Organization において，医療提供者への報酬が定額ベースとなっており，この場合には，医療の過少提供という問題も起こり得る。

14）　すでにわが国においては生命保険に関して個々の保険契約の契約者・被保険者の氏名，死亡保険金額，入院給付金の種類および日額などを登録したデータベースが構築され，保険会社間で一定の情報交換がなされている。

第10章

老齢保障のシステムにおける
保険事業の役割

1　はじめに

　医療技術の進歩と普及，公衆衛生の改善などにより，長寿化が世界的に進む
と同時に，わが国を含む先進市場はもとより，経済成長と都市化を経験してい
る成長市場においても出生率が低下している[1]。こうした少子高齢化に伴い，
老齢保障システムが，前章で検討した医療保障システムと並んで生活保障シス
テムのなかで重要な役割を担うものとなっている。老齢保障システムにおいて
も，公的年金が基礎的な保障を提供し，それに追加して私的な年金保険が任意
で選択される二層構造を持った例が多くの法域で見られる。わが国においても，
国民年金，厚生年金および共済年金といった公的年金と，企業年金，個人年金
保険といった私的年金が共存している。これまで各種公的年金が主要な保障を
提供し，私的年金はその上積み保障として機能してきたが，人口構成が世界的
に変化するなか，わが国おいても，公的年金の支給年齢の引上げや給付額の見
直しなどが議論されるようになり，私的年金への期待が高まっている。このよ
うな現状認識に立って，本章は老齢保障システムが担うべき機能を明らかにし
たうえで，公的年金と私的年金が，どのように運営され，また，第8章で分析
したリスク要素にどのように対処しているのかを分析する。そのうえで，両者
の機能分担のあり方を検討する。

2　老齢保障システムの機能と構造

(1)　老齢保障システムの機能

　老齢期において個人は，一般に労働力の減退から収入の減少に直面するとと
もに，疾病や傷害により健康を損なう確率も高まる。そのため，必要となる生
活費や医療費などを，勤労期間に事前に準備することが望まれる。公的年金や

私的年金は，個人が老齢期に必要とする費用を，保険によるプーリングアレンジメントにより確保するものである。このような老齢保障システムの機能を整理すれば，以下のとおりとなる。

① 将来予測の不確実性と個人の限定合理性の補完

　老齢期の生活費や医療費などの費用は，その期間に左右されるが，言うまでもなく，個人にとって自らの生存期間を予測することは困難である。さらに，老齢期に必要となるそれらの費用は，第8章で分析したように，物価，賃金水準，そして景気の変動などの経済的要因によっても，また，生活水準・様式の変化といった社会的要因によっても大きく左右されるものである。これらの要因は，言うまでもなく個人にとって不確実であり，コントロール可能なものではないため，個人が将来必要となる資金を正確に予測し，自ら用意することは実質的に不可能であると言える。

　また，仮に個人が，老齢保障を備えるために必要な情報を入手できたとしても，将来必要となる費用を十分な先見性と経済合理性をもって予測するとは限らない。むしろ，個人は，将来の消費に必要な費用を過小評価し，現在の消費を優先させる傾向があるのではないだろうか。老齢保障システムは，それが適切に設計されていることを前提とすれば，個人による将来予測の不確実性を補完するとともに，個人の限定合理性に起因する将来費用の過度の割引によって引き起こされる老齢期の貧困を回避する機能を持つものである。

② 規模の経済性とリスク分散

　老齢保障システムが各種年金によって構成されていることを前提とすれば，システム内に多数の年金加入者が拠出する保険料をプールすることとなる。年金保険者がプールされた年金資金を適切に運用する限りにおいて，そのための費用は，個人が自らの資金を個別に運用する費用の総額より，規模の経済性から低いと期待できる。また，年金資金の規模が大きくなれば，それだけリスク分散による運用リスクの縮小も可能となる[2]。

③ 消費の平準化と正の外部性

　老齢保障システムでは，若年齢の勤労者に年金保険料の拠出を課し，消費を

抑制することになるが，老齢期に年金を給付することで，高齢者の消費を促進するものである。老齢保障システムは，このように生涯をとおして個人の消費活動を平準化させることで，個人消費による外部便益すなわち正の外部性を，市場にもたらす機能を持つと見ることができる。また，老齢期の貧困を回避することで，生活保護給付などの移転支出を軽減し，生活保障システム全体としての運営費用を縮小していると言える。

(2)　老齢保障システムの構造

　老齢保障システムは，前章の医療保障システムと同様に，多くの法域において公的年金が基層をなし，それに企業年金と個人年金保険などの私的年金が上積みされる例が多く見られる[3]。公的年金は，国や公的機関などの公法人が保険者となって運営されるもので，わが国においては日本年金機構によって運営される国民年金，厚生年金，共済年金が含まれる[4]。これらは各法域により詳細は異なるものの，一般的に対象者は強制加入であり，かつ次節で詳細に分析するように賦課方式（Pay-As-You-Go Financing）に基づいている。また，公的年金からの保障は，個人の老齢期の生活に必要となる基礎的な範囲に限定される場合が多い。

　私的年金には，雇用ベースの企業年金と，個人年金保険など生命保険会社から提供される生存給付型の生命保険が含まれる[5]。企業年金は，雇用契約上の規約として強制加入となっている場合が多く，被雇用者への福利厚生の一環として，第4節で述べるように事前積立方式（Fully Funded Financing または Pre-Funded Basis）で運営される。わが国における企業年金は，大きく厚生年金基金，確定給付企業年金および企業型確定拠出年金が挙げられる。また，個人年金保険など生存給付型の各種生命保険は，個人が自らのリスクマネジメントのために任意に加入を選択するものであり，事前積立方式で運営される[6]。

　老齢保障システムをより広くとらえれば，公的年金と私的年金のほか，銀行預金，債券，株式および不動産への投資も含まれ，それぞれの収益率，物価上昇への脆弱性，税制上の取扱い，安全性，流動性および相関などを考慮して選

択し，組み合わせていくこととなる。しかし，各種年金に対する所得税控除などの税制上の優遇措置や，前述の規模の経済性とリスク分散効果に鑑みれば，老齢保障を預金や証券などの代替的手段によってのみ構成することは合理的ではなく，公的・私的年金を中心として構成すべきであろう。

3　公的年金のリスク要素への対処

　老齢保障システムは，第8章で分析したとおり，物価・賃金の変動，景気の変動および失業など経済変動リスク，そして，人口の減少や少子高齢化などの社会変動リスクにより，その支払能力が損なわれるものであった。また，経済変動リスクと社会変動リスクに加え，年金資金の不適切な運用や他の目的への利用などによって，加入者が保険者の将来の支払能力に疑念を抱くこととなれば，システムからの加入者の離脱を誘引し，その持続性が損なわれ得るものであった。一方で，過度に手厚い保障が提供される場合には，個人の貯蓄などへのインセンティブを弱め，市場における資本の入手可能性の低下につながるものであった。このような老齢保障システムのこれらのリスク要素と，それらを顕在化させる主な原因と，それらが及ぼす影響を示せば，**図表10－1**のとおりとなるが，これらのリスク要素に対して，公的老齢保障と私的老齢保障では，それぞれ異なるアプローチで対処している。

（図表10－1）　老齢保障システムのリスク要素

	原因	影響
経済変動リスク	物価・賃金の変動，景気の変動，失業率の上昇など	保険料の引き上げ，年金の引き下げ，年金給付期間の短縮など
社会変動リスク	人口規模・年齢別人口構成割合・生活水準の変化など	
システムからの離脱誘引	経済変動リスク，社会変動リスク，年金資金の不適切な運用・他の目的への利用など	潜在的加入者のシステムへの加入率の低下，既加入者の離脱誘引
資本形成への負の影響	貯蓄などへのインセンティブの低下	資本形成への負の影響と資金の入手可能性の低下

　わが国においては，前述のとおり国民年金，厚生年金および共済年金などの公的年金が老齢保障システムの基層を成している。これらは，他の公的生活保障システムと同様に社会秩序の安定を目的としており，強い公的関与のもと統一的に運営されている。経済変動リスクや社会変動リスクをはじめとするリスク要素には，本節で見ていくように，共通して賦課方式と租税収入などによる財源確保，そして強制加入とすることなどを通じて対処しようとしている。

(1)　経済変動リスクと賦課方式

　物価上昇などの経済変動リスクにより財源が不足する事態を避けるために，公的年金では，前節で触れた賦課方式の採用によって対処している[7]。将来の年金受給者に充てる資金を事前に保険料として払い込む積立方式に対して，賦課方式では，現在の勤労世代の加入者が払い込む保険料を財源として，老齢世代に年金を給付するものである。勤労世代の保険料は，その時点の賃金水準に基づいて算定される。賃金水準と物価水準は通常正の相関を示すため，老齢世代への給付金の水準を，生活に必要な程度に維持できる可能性が高い。したがって公的年金は，賦課方式を採用することにより，インフレーションをはじめとする経済変動リスクに有効に対処していると言える。

(2)　社会変動リスクへの脆弱性

　少子高齢化を経験している多くの法域の政策決定者は，年齢別人口構成割合の変化による公的年金の財源の不足を，租税収入による補填，国債の発行による資金調達，そして公的生活保障システムの縮小などにより償ってきた。しかしながら，これらの従来の対処方法では，急速に進む少子高齢化からの負の影響を緩和し得なくなりつつある。

　たとえば，租税収入を確保するためには，いうまでもなく消費税などの税率を引き上げることが必要となるが，多くの成熟市場の税率はすでに高い水準となっているため，さらなる引き上げの余地は限定的であると言える[8]。今後目覚ましい経済成長が望めないこれらの市場において，大幅な税率の引上げは許

容されないであろう。仮に引上げが可能だったとしても，その結果経済活動が低迷し，失業率を押し上げることになれば，結果的に生活保障システム全体として追加的な費用が必要となると考えられる。また，生活保護，医療保障システムなどの公的生活保障を縮小することによる老齢保障システムの財源確保も，今後の少子高齢化と低い経済成長可能性に鑑みれば，十分な効果は見込めないであろう。同様に生活水準に下方硬直性があることを前提とすれば，社会資本整備，公衆衛生，治安維持などにかかる費用を引き下げることも難しい。さらに近年多くの成熟市場が財政赤字を経験している現状からは，少子高齢化のなかで老齢保障システムを持続させるために必要な財源を，国債の発行によって確保することも困難であろう。

(3)　システムからの離脱誘引と強制加入

　上述のようにインフレーションなどの経済変動リスクにより，年金保険料を拠出する勤労世代の加入者に重い負担を強いれば，加入者のシステムからの離脱を誘引しかねない。同様に少子高齢化などの社会変動リスクにより公的年金の持続性が約束されなければ，システムのコミットメントに対して不安を抱く加入者は，そこから離脱しようとするかもしれない[9]。また，公的年金保険者による年金資金の不適切な運用や，他の目的への利用なども，システムの持続性を損なうものと加入者が認識すれば，同様の問題を引き起こすおそれがある。

　このような加入者のシステムから離脱誘引の問題に対して公的年金では，対象となる個人に対して加入を強制することにより直接的に対処している。しかし，それを確実なものとするためには，未加入者のスクリーニングなどの措置を，費用をかけて行わなければならない。

　強制加入に加え，公的年金保険料を加入者が躊躇せず支払い得る程度に低廉な水準に抑えることによっても，システムからの離脱誘引の問題を縮小することができるが，そのためには，公的年金の保障内容を縮小することも必要となるかもしれない。しかし，保障を過度に縮小すれば加入者の老齢期における費用負担を重くし，社会の安定と一体化という公的生活保障システムの本来の目

的を損なうことにもなる。

　また，公的年金保険者の適切な年金資金の運用を確実なものとし，その目的外の利用を防止するためには，加入者による保険者のモニタリングが有効である。そのためには，年金資金の運用と利用に関して十分な情報開示が求められるが，その措置にかかる追加的な費用は，加入者および納税者の負担を重くするおそれがある。

(4)　資本形成に向けた対処

　公的年金が，加入者の貯蓄誘引を低下させ，その結果市場における資本の入手可能性を低下させる問題は，保障を縮小することで緩和することが可能である。老齢期の公的保障が基礎的なものに限定されることを認識する加入者は，自ら長寿のリスクに備えるためにすすんで貯蓄を行い，その結果資本形成を促し，ひいては企業・組織にとって投資のための資金の入手可能性を高め得ると考えられる。給付を縮小すれば保険料の低廉化も可能となるかもしれず，勤労世代の負担を軽減し，その貯蓄活動を促すことにもなる。ただし，公的老齢保障の縮小は，前述のとおり加入者の費用負担を重くすることに留意する必要がある。このため，資本形成への負の影響には，公的老齢保障システムのみでは部分的にしか対処し得ないと言える。

　以上のような経済変動リスク，社会変動リスク，システムからの離脱誘引，そして資本形成への負の影響への公的保障システムの対処方法は，**図表10-2**

図表10-2　公的年金のリスク要素への対処

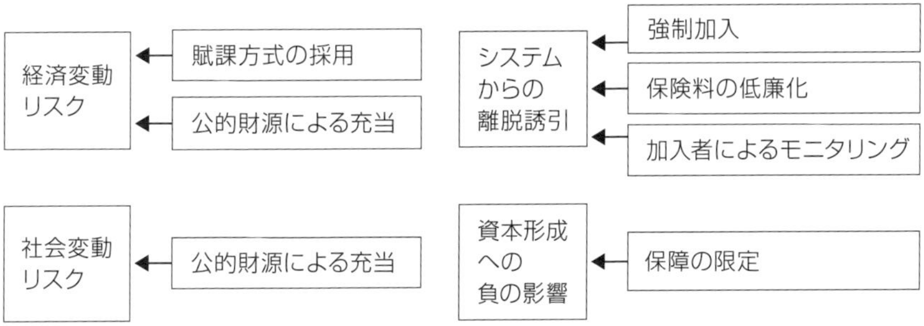

のとおり示すことができる。

(5)　公的年金のリスク要素と対処方法との関係

　公的年金におけるリスク要素への対処方法は，それぞれ独立のものではなく，互いに影響を及ぼし合うものが多い。すなわち，**図表10－3**に示したように，経済変動リスクと社会変動リスクは，システムからの離脱誘引という別のリスク要素を顕在化させることになる。システムからの離脱を防止するためには，対象者に加入を強制することが必要となるが，そのためには未加入者のスクリーニング費用が必要となる。また，保障を必要最低限の範囲に限定することは，加入者の保険料負担を軽減することでシステムからの離脱を防ぎ，同時に資本形成を促すが，同時に，加入者に重い費用負担を課すことにもなる。このようにリスク要素への公的老齢保障システムの対処が，別の問題を生じさせることにもなることには，留意する必要がある。

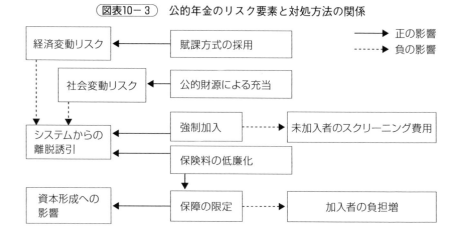

（図表10－3）　公的年金のリスク要素と対処方法の関係

4　私的年金のリスク要素への対処

　私的老齢保障システムは，前述のとおり厚生年金基金，確定拠出企業年金などの企業年金と，個人年金保険などの生存給付型の生命保険によって構成されるが，これらは，確定拠出方式や事前積立方式を採用するなど，公的老齢保障システムとは異なるアプローチで，経済変動リスクや社会変動リスクなどのリスク要素に対処しようとしている。以下ではこれらの対処方法の利点と限界について検討を行う。

(1)　経済変動リスクへの脆弱性

　私的老齢保障システムにおいては，勤労世代の加入者が将来給付される年金の財源を予め積み立てるという事前積立方式が採用されている。この場合，システムへの拠出期間はもとより，年金給付期間も長期にわたるため，その間のインフレーションの進行など経済変動リスクが顕在化した場合，老齢期の生活費や医療費を償うに足る年金が給付されないおそれがある。仮に，個人年金において，給付される年金水準が物価水準などの経済指標に連動していれば，加入者は経済変動リスクに関して深刻なベーシスリスクにさらされることはない。しかしこの場合，物価水準はすべての加入者間に影響を及ぼすものであり，エクスポージャ間の相関が高いものである。このため，物価下降局面においては，給付される年金総額も低下するものの，反対に，物価上昇局面においては，保険者は一律に年金の給付額の上昇に直面することとなる。また，前述のとおり老齢保障システムの保険料払込期間，年金給付期間ともに長期にわたるため，その間の物価水準の動向を正確に予測することは，保険者にとって極めて困難である。このため，保険者は，十分な支払能力を維持するために，インフレーションなどの負の経済変動が発生しなければ必要のない多額の資金を追加的に保有するか，事後的に調達しなければならない。その結果，そのための資金調達費用は付加保険料に反映されることとなり，それが年金給付額と比較して高額となれば，個人年金需要が低下したり，保険者自身がその供給を制限するこ

ととなる。こうしたことから，私的年金は，支払能力を確保するため，事前積立方式を採用せざるを得ないと言える。

　私的年金のなかでも，企業年金や個人年金保険にしばしば採用されている確定給付型年金（Defined Benefit Plan）の場合は，保険料払込期間にインフレーションが進んだ場合には，約定の年金給付額が老齢期に必要な諸費用を償えないおそれがある。また，長寿化が進むなか年金給付期間も長期にわたるようになり，この間のインフレーションのリスクにもさらされる[10]。

　一方，企業年金において一般的となっている確定拠出型年金（Defined Contribution Plan）の場合は，年金給付額は払い込まれた累計保険料とその運用益の合計額に基づいて決定されるものである。確定拠出型年金の場合は，物価水準などと相関の高い資産への投資に充てる年金資金の割合を増やすことにより，インフレーションなどによる財源不足の問題に，一部対処することができる。年金資金の運用収益と物価水準との間に正の相関がある限りにおいて，確定拠出型の年金保険は，インフレーションのリスクの影響を受けにくいと考えられる。ただしこの場合も，個人年金保険などでは，保険会社は収益性だけを追求して投資活動を行えばよいわけではない。プールされた年金資金は，将来の給付金に充てられるものであるため，むしろ安全性と流動性を重視した保険資金の運用が求められる。実際にも保険会社の投資活動は，支払能力の維持と，迅速な保険金支払のため，多くの法域において厳格な規制の対象となっており，相対的にリスクの高い資産，流動性の低い資産への投資が制限されている[11]。このように私的年金は，経済変動リスクに対して，本質的に脆弱であると言える。

(2)　社会変動リスクと事前積立方式

　私的年金は，すでに述べたとおり事前積立方式に基づいており，加入者が勤労期間に払い込んだ累計保険料を主な原資として，老齢期の年金が給付される。このため，少子高齢化などの社会変動リスクの影響を受けにくい。また，生活水準や様式の変化などによる老齢期の必要資金の変化に対しても，年金給付に

先立って，保障内容を再設計することにより，一部対処することが可能である。

(3)　システムからの離脱誘引への対処

　任意加入である個人年金保険はもとより，企業年金でも規約により加入が強制されない場合もあり，加入者のシステムからの離脱は起こり得る問題である。とくにインフレーションなどの経済変動リスクにより，年金給付額が過少となると加入者が評価した場合や，保険者の財務状況に関して情報劣位にある加入者が，保険会社の将来の支払能力に不安を抱いた場合には，潜在的な加入者は年金加入を見合わせ，また既存の加入者は年金契約を解除するかもしれない。前節で分析したとおり，公的老齢保障システムが十分に手厚い保障を提供することが困難であること，そして個人が十分な先見性をもって将来必要な費用に備えるとは限らないことに鑑みれば，私的年金への加入率の低下は，多くの個人を老齢期に貧困のリスクにさらすことになりかねない。

　このようなシステムからの離脱の問題は，財務規制により保険者の財務健全性を継続的にモニタリングすることをとおして支払不能を防止したり，保険契約者保護制度などのセーフティネットをとおして事後的に対処することにより，一部解消することができる。これらに加え，保険料規制をとおし，保険料の水準を保険者の財務健全性を損なわない程度に維持することによっても，保険者の支払不能を回避することができる。しかしながら，過度に厳格な財務規制と保険料規制，そして過度に手厚いセーフティネットは，保険者に対する加入者のモニタリング水準を低下させることには留意しなければならない。さらに，私的老齢保障システムが経済変動リスクに脆弱である限りにおいて，システムからの離脱誘引の問題を完全に解消することはできないと言える。

(4)　資本形成に向けた対処

　賦課方式の公的老齢保障システムが，個人の貯蓄誘引を低下させ，資本形成に負の影響を及ぼすおそれがあったのに対して，私的老齢保障システムはこれに大きな影響は及ぼさないと考えられる。すなわち，事前積立方式が採用され

ていれば，私的年金が市場に浸透し加入率が上がったとしても，個人貯蓄が，年金加入者ポートフォリオの年金資金に置き換えられたものと見ることができる。このため，実質的な貯蓄高を低下させるものではなく，資本形成にも影響を及ぼさないと考えられる。

(5)　私的年金のリスク要素と対処方法との関係

　これまでみてきた個々のリスク要素への私的年金の対処方法とそれらの関係をまとめれば，**図表10－4**のとおりとなる。すなわち確定拠出型年金においては，物価などの経済指標と相関の高い資産への投資割合を増やすことによって，インフレーションなどの経済変動リスクには限定的にしか対処できなかった。また，事前積立方式を採用することにより，社会変動リスクからの影響を免れるとともに，資本形成を低下させることもないが，このことにより経済変動リスクには脆弱とならざるを得なかった。また，システムからの離脱誘引の問題は，保険者への財務規制とセーフティネットによって縮小可能であるものの，経済変動リスクへの脆弱性によって常に潜在するものであった。このように私的年金においても，リスク要素への対処には利点があると同時に限界も認めら

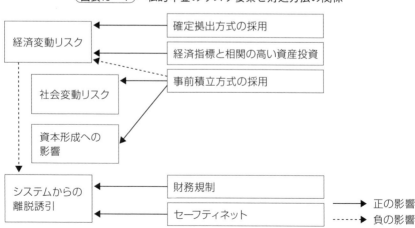

（図表10－4）　私的年金のリスク要素と対処方法の関係

れ，老齢保障システムにおいて私的年金の領域が一方向的に拡大することは，必ずしも適切ではないことが示唆される。

5　老齢保障システムにおける公的・私的保険の併存の合理性

　本章では，生活保障システムを重要な構成要素である老齢保障システムにおいて，公的年金と私的年金がさまざまなリスク要素にいかに対処しようとしているのかを見てきた。図表10－5に示したとおり，経済変動リスクに，公的年金が賦課方式により有効に対処しているのに対して，私的年金は物価などと相関の高い資産への投資割合を増やすことにより限定的にしか対処できない。反対に社会変動リスクに関しては，公的保険において行われる租税収入の充当や国債発行などの対策は限界に達しつつあるのに対して，事前積立方式の私的年金はその影響を受けにくいと言える。システムから加入者が離脱する問題に対しては，公的保険では強制加入とするとともに，保険料水準を低く抑えることなどが行われるが，保険料の低廉化には保障の縮小が同時に求められることになる。保障を基礎的な範囲に限定することは，資本形成への負の影響を縮小することになるものの，加入者の負担を重くすることにもなる。一方私的年金は，事前積立方式であるため資本形成への影響は限定的であるが，システムからの加入者の離脱誘引に対して，財務規制や保険契約者保護制度などの公的介入に

図表10－5　老齢保障システムのリスク要素への公的・私的年金の対処

	公的年金	私的年金
経済変動リスク	賦課方式の採用 公的財源による充当	確定拠出方式の採用 経済指標と相関の高い資産投資
社会変動リスク	公的財源による充当	事前積立方式の採用 保障内容の柔軟な再設計
システムからの離脱誘引	強制加入 保険料の低廉化 加入者によるモニタリング	財務規制 セーフティネット
資本形成への負の影響	保障の限定	事前積立方式の採用

より保険者の支払能力を維持したり，支払不能となっても加入者に保障を提供することが求められている。このように公的年金と私的年金では，それぞれリスク要素への対処方法に異なる利点と限界があり，このことを考慮すれば，老齢保障システムにおいて公的年金を一方向的に縮小するという政策決定は適切とは言えない。また，反対に私的年金を過度に拡充することに関しても，リスク要素への対処の限界から見て，やはり合理的ではない。システムからの離脱誘引の問題と資本形成への負の影響を最小化するために，公的保険の保険料を低廉化することと保障を限定することが不可欠であることに鑑みれば，それを補完するために，私的年金が追加的な上積み保障を提供するという，両者による二層構造が，今後も維持されるべきである。

■注

1) 老齢保障の担い手は，歴史的には高齢者の親族であったが，経済成長によって，その状況は大きく変化した。すなわち，個人所得の増加と，人口の都市への集中により，水準の高い医療のアクセスが容易となるとともに，住居・食生活をはじめとする生活環境も改善され，長寿化が一層進む。また，都市化は核家族化を促し，出生率も低下させる傾向にある。その結果，多くの個人は，公的・私的年金により，老齢期を過ごすことになった。

2) 年金の代替的手段としては，公的介入により個人に老齢期の費用に備えて貯蓄などを強制する方法も考えられるが，これには，規模の経済性とリスク分散の効果は見込めない。

3) 企業年金と個人年金保険を区別し，老齢保障システムを公的保障，企業保障および個人保障の三層で構成されるものとしてとらえることもある。また，企業年金を公的保障の一部として扱う場合もある。

4) 共済年金については，公務員などの雇用ベースの保険であるため，企業年金と同様の機能を持つと見ることもできる。

5) 前掲注3のとおり，企業年金を公的保障とみなすこともある。

6) 公的年金の保障を限定する一方で，個人に対して個人年金保険などの私的年金への加入を義務付けている法域もある。

7) 公的年金は，かつて経済成長とともに失業や貧困の問題に直面した多くの成熟市場において，賦課方式として導入され，発展してきた。賦課方式の年金システムは，導入時に受給者となる高齢者に給付される年金の財源を確保するために，事前の年金資金の積み立てを必要としない点において，採用されやすかったと考えられる。また，経済成長期においては給付財源を支える拠出を負担する現役勤労者の人口が高齢者と比較して多かったことも，賦課方式の採用を促したと考えられる。

8) たとえばEUにおける税額は域内のGDPの約45％に達していること，また同地域では租税収入が，生活保障システムの財源の30％超を支えているとされる。

9) とくに所得連動型の保険料が採用される一方で，年金の給付水準が均一化されていたような場

合には，高所得者ほどシステムから離脱する誘引を潜在的に持つこととなる。

10) 確定給付型の企業年金のなかでも，保険料払込期間の平均所得に基づいて年金給付額が決まるものと，退職時の所得水準に基づいてそれが決定されるものがあるが，前者の方が経済変動リスクの影響を，より受けやすいと言える。しかし後者であっても，年金給付期間のインフレーションのリスクはなお残存する。

11) さらに，保険会社は，保険料払込期間が長期となる年金保険商品の価格競争力を確保するために，予め見込まれる投資収益を予定利率として，それを割り引いて保険料を算出するため，保険資金の運用益はこれを償うことに充てられるかもしれない。

■第Ⅲ部参考文献

奥野正寛・伊藤秀史・今井晴雄・西村理・八木甫訳（1997）『組織の経済学』，NTT出版，（Milgrom, P. and J. Roberts（1992）*Economics, Organization & Management,* Prentice Hall, Inc.）。

下和田功編（2014）『はじめて学ぶリスクと保険』（第4版），有斐閣ブックス。

諏澤吉彦（2009）「米国の民間医療保険モデルとその効率性に関する考察」『あいおい基礎研 REVIEW』第7号，pp.6-21。

諏澤吉彦（2011）「医療保険市場における民間保険のあり方に関する考察 - 公的保険と民間保険の役割分担に関する分析モデルの検討を中心に - 」『生命保険論集』第174号，pp.1-26。

諏澤吉彦（2015）「医療保障のシステムにおける公・私保障の機能分担」岡田太志編著『生活保障システムのパラダイムシフトと生命保険産業』（公益財団法人生命保険文化センター）第5章，pp.79-96。

諏澤吉彦（2015）「老齢保障のシステムにおける公・私保障の機能分担」　岡田太志編著『生活保障システムのパラダイムシフトと生命保険産業』（公益財団法人生命保険文化センター）第6章，pp.97-114。

近見正彦，吉澤卓哉，高尾厚，甘利公人，久保英也（2006）『新・保険学』，有斐閣アルマ。

中浜隆（2006）『アメリカの民間医療保険』日本経済評論社。

福岡喜乃（2008）「米国医療保険の品質評価機関の品質向上プログラム」『あいおい基礎研 REVIEW』第4号，pp.58-67。

堀田一吉（2007）「問題提起：民間医療保険をめぐる現状認識と構造的特徴」『保険学雑誌』第596号，pp.1-12。

水島一也編（1987）『生活保障システムと生命保険産業』，千倉書房。

Barr, N.（2002）"The Pension Puzzle: Prerequisites and Policy Choices in Pension Design," *Economic Issues,* No. 29, International Monetary Fund.

Harrington, S. E., G. R. Niehaus（2004）*Risk Management and Insurance,* 2nd Edition, McGraw-Hill.

Kritzer, B. E.（2003）"Social Security Reform in Central and Eastern Europe: Variations on a Latin American Theme," *Social Security Bulletin,* Vol. 64, No. 4, pp.16-32.

Lee, R., A. Mason（2011）*Population Aging and the Generational Economy: A Global Perspective,* Edward Elgar Publishing.

Rothchild, M., J. E. Stiglitz（1976）"Equilibrium in Competitive Insurance Markets: An Essay on the Economics of Imperfect Information," *Quarterly Journal of Economics,* Vol.90, No.4, pp.629-649.

Santerre, Rexford E., S. P. Neun（2007）*Health Economics - Theories, Insights, and Industry Studies,* 4th Edition, Thompson South-Western.

Skipper, H. D., W. J. Kwon（2007）*Risk Management and Insurance: Perspectives in a Global Economy,* Wiley-Blackwell.

UN Department of Economic and Social Affairs（2014）"Population Ageing and Sustainable Development," *Population Facts,* No.2014/4.

UNEP Finance Initiative（2012）*Principles for Sustainable Insurance.*

Zweifel, P.（2000）"The Division of Labor Between Private and Social Insurance" in *Handbook of Insurance,* edited by G. Dionne, The Geneva Association, Kluwer Academic Publisher, pp.933-966.

Zweifel, P., R. Eisen（2014）*Insurance Economics,* Springer.

索 引

《著者紹介》

諏澤 吉彦（すざわ よしひこ）

京都産業大学経営学部教授。経営学部において「保険論」「リスクファイナンス」「経済学」
などを，大学院マネジメント研究科において「保険論特論」などを担当。
1988年横浜市立大学文理学部卒業。2000年 St. John's University 経営学部修士課程・理学修
士課程修了。2005年一橋大学大学院商学研究科博士後期課程修了，2006年博士（商学）。
1988〜2007年損害保険料率算出機構勤務。2007年〜京都産業大学経営学部専任講師，准教授
を経て現職。
【主著】
『はじめて学ぶリスクと保険』（第4版）（共著）有斐閣，2014年。『リスクファイナンス入
門』中央経済社，2018年。『リスクマネジメントと損害保険』（共著）公益財団法人損害保険
事業総合研究所，2020年。『はじめて学ぶ会計・ファイナンス』（共著）中央経済社，2021年。
"Principles for Sustainable Insurance: Risk Management and Value,"（共著）*Risk Manage-
ment and Insurance Review,* Vol.17, No.2, 2014. "Insurance Business Synergies, Economic
Growth and Strategic Planning,"（共著）*International Journal of Business Environ-
ment,* Vol.8, No.3, 2016.「Insurtech によるリスク評価の精緻化と保険選択への影響」『損害
保険研究』第80巻第3号，2018年。「分離均衡モデルに基づく公的年金制度と私的年金保険
のあり方に関する考察」『保険学雑誌』第644号，2019年 他。

保険事業の役割
規制の変遷からの考察

2021年3月30日　第1版第1刷発行

著　者　諏　澤　吉　彦
発行者　山　本　　　継
発行所　㈱ 中　央　経　済　社
発売元　㈱中央経済グループ
　　　　パ ブ リ ッ シ ン グ

〒101-0051　東京都千代田区神田神保町1-31-2
電 話　03 (3293) 3371 (編集代表)
　　　　03 (3293) 3381 (営業代表)
https://www.chuokeizai.co.jp
印刷／東光整版印刷㈱
製本／誠　製　本　㈱

©2021
Printed in Japan

＊頁の「欠落」や「順序違い」などがありましたらお取り替えいた
しますので発売元までご送付ください。（送料小社負担）

ISBN978-4-502-38201-7　C3034

リスクファイナンス入門

Risk Finance

リスクファイナンス入門

諏澤吉彦〔著〕

財務面でのリスク対策の
基本が学べる！

中央経済社 ●定価 本体3,000円＋税

リスクに対して金銭的に対処する
方法であるリスクファイナンス。
代表例は保険であるが，今日では，
それ以外の方法も増えている。基
本的な考え方から実践例まで丁寧
に解説。

諏澤　吉彦〔著〕
A 5判／ 248頁
ISBN : 978-4-502-27741-2

◆本書の主な内容◆

中央経済社